Sin miedo

RAFAEL SANTANDREU

Sin miedo

El método comprobado para superar la
ansiedad, las obsesiones, la hipocondría
y cualquier temor irracional

Grijalbo

Primera edición: junio de 2021
Sexta reimpresión: abril de 2022

© 2021, Rafael Santandreu
© 2021, Penguin Random House Grupo Editorial, S.A.U.
Travessera de Gràcia, 47-49. 08021 Barcelona
© 2021, Victor Moussa/Shutterstock, por la fotografía de la página 21

Impreso en Colombia - *Printed in Colombia*

ISBN: 978-84-253-6110-4
Depósito legal: B-6.610-2021

Compuesto en Pleca Digital, S. L. U.

A Valle, mi madre.
En agradecimiento a su amor permanente

Índice

Introducción

Este libro es más necesario que nunca. Ahí fuera hay muchísimas personas que sufren a causa de un problema devastador del que no se habla demasiado. Son personas normales —el hijo del vecino, la esposa de tu mejor amigo, tu compañero de trabajo...—, pero con un sufrimiento tan grande que puede ser mayor que el que padece un enfermo de cáncer o de cualquier otra de las enfermedades que más miedo provocan.

Estoy hablando, en primer lugar, del trastorno de ataques de pánico y el trastorno obsesivo compulsivo (o TOC). Estos dos problemas afectan al 6 % de la población española, esto es, a unos tres millones de personas. Y, como decía, el trastorno les está arruinando la vida.

Pero este libro no sólo está dirigido a este colectivo, sino también a cualquier persona con timidez, hipocondría, depresión o cualquier otra emoción negativa exagerada. Porque el método de superación que vamos a aprender aquí servirá para eliminar de nuestra vida esta clase de problemas. En pocas palabras: para eliminar cualquier miedo.

Aprenderemos a domesticar nuestra mente, a convertirla en un bello y potente corcel que dócilmente nos conducirá a donde deseemos: unas veces, a dar un paseo sin más; otras, a hermosos destinos y travesías, y también a realizar maravillosos esprints de fuerza y logro.

Mi gran amigo y maestro budista Kiko me contó en una ocasión que nuestra mente a veces es como una mano que se hubiese vuelto loca. Imaginemos que nos despertamos una noche con un fuerte dolor en la garganta, abrimos los ojos de golpe y vemos que... ¡una garra nos está asfixiando! Intentamos desesperadamente librarnos de la garra y tiramos de ella con frenesí, pero se aferra con demasiada fuerza. ¡Vamos a morir ahogados! ¡Dios, qué horror! Y de repente, se enciende la luz y comprobamos que se trata de ¡nuestra propia mano izquierda!

Pues a la mente le pasa igual: puede convertirse en nuestro propio enemigo y ser el más implacable torturador sobre la faz de la tierra. Pero la buena noticia es que TODOS somos capaces de aprender a curarla. Es más, de aprender a convertirla en nuestro mejor aliado.

¿Te imaginas un mundo donde tus emociones sólo jugasen a tu favor? Pues ¿sabes qué? ¡Es posible! Y este libro, basado en cientos de miles de testimonios de éxito, lo demuestra.

Durante la preparación de este libro entrevisté a un montón de testimonios de curación. Muchas de las entrevistas están disponibles en mi canal de YouTube, de modo que allí encontrarás numerosos casos aquí descritos. Que su brillante ejemplo te sirva de estímulo para el cambio.

Por último, quiero agradecer a mis amigos de la editorial Gaia que me hayan concedido permiso para comenzar cada capítulo con una cita de mi admirada Pema Chödrön, la célebre monja budista. Todas esas frases proceden de su libro *Cuando todo se derrumba*.

Prepárate para transformar tu vida para siempre. A convertirte en la mejor versión de ti mismo: una persona libre, feliz y poderosa.

El tratamiento conductual descrito en este libro es, según cientos de estudios publicados en revistas científicas, la metodología más eficaz y más empleada en todo el mundo, desde hace décadas, para tratar el tipo de problemas que se detallan en estas páginas. Exige fuerza de voluntad, decisión y mucha intensidad. La superación de los trastornos de ansiedad implica enfrentarse, precisamente, a la ansiedad. Se trata de un ejercicio intenso y, como antes de ingresar en un gimnasio, requiere un chequeo médico que corrobore que nuestra forma física encajará bien el esfuerzo, que no tenemos una contraindicación médica para realizar el trabajo de exposición y nos dé su visto bueno.

Con frecuencia, las personas que padecen ataques de pánico experimentan síntomas parecidos a un infarto. La recomendación lógica es que acudan al médico, confirmen con todas las pruebas y los análisis necesarios que todo está bien, y una vez que su médico haya descartado un problema coronario real podrán llevar a cabo esta terapia.

La recomendación general es efectuar cualquier forma de terapia para la ansiedad siempre bajo la supervisión de un médico.

1

Muchos trastornos, un solo problema: ataques de desequilibrio emocional

> La próxima vez que no encuentres suelo bajo
> tus pies, no lo consideres un obstáculo en abso-
> luto; considéralo más bien un gran golpe de
> suerte. Finalmente, después de todos estos
> años, quizá consigas crecer realmente.
>
> Pema Chödrön

María José es una hermosa mujer de cincuenta años, extremadamente simpática y alegre. Luce una melena castaña clara
que le cae ondulada hasta más abajo de los hombros. Vive en
Alicante y le encanta pasear por la playa con su perrita. Se ha
casado en dos ocasiones y trabaja como funcionaria.

Recuerdo que, el primer día de consulta, cuando me explicaba su problema de ansiedad —¡que la torturaba desde
hacía veinticinco años!—, bromeaba todo el tiempo. La ansiedad la atenazaba hasta el tuétano, pero, aun así, no PODÍA
evitar desparramar su alegría natural.

María José sufría a diario fortísimos ataques de ansiedad.
Y para empeorar el asunto, por una nefasta recomendación
de su médico, se había enganchado a los ansiolíticos, unos
fármacos que no sólo no la ayudaban en nada, sino que le

habían generado más ansiedad, confusión y algún que otro susto por sobredosis accidental. Tomaba seis o siete tranquilizantes al día y, sin embargo, la ansiedad no dejaba de crecer año tras año. Ella misma lo describe así ahora, una vez curada del todo:

Entre el trastorno de ansiedad y la adicción a las pastillas, mi mente era una completa maraña. La adicción aumentaba mi ansiedad porque una hora antes de cada toma ya me entraba el mono. Es decir, tenía ataques de pánico y encima me daba el mono por culpa de esas asquerosas pastillas.

En sus ataques de ansiedad, María José sentía palpitaciones exageradas, como si el corazón se le fuera a salir del pecho, mareos bestiales que casi la tumbaban y una horrorosa sensación de proximidad a la muerte. El miedo era tal que las manos le temblaban como si tuviese párkinson. El pánico podía durarle horas o asaltarla durante el sueño, con lo cual esa noche no pegaba ojo ni con doble ración de pastillas. ¡O triple!

En la actualidad, María José es una persona nueva. En el momento de escribir estas líneas, hace más de tres años que no tiene ningún ataque y su vida es de un color completamente diferente: ¡es luminosa! No toma ningún fármaco, ni falta que le hace. Lleva una vida la mar de normal. Más que normal: plenamente feliz.

En una conversación que mantuvimos hace poco, me decía:

—Si no te llego a conocer, ¡no me curo nunca! ¡Me has salvado la vida!

Pero la verdad es que María José se salvó a sí misma. Se

curó gracias al trabajo duro y a la determinación. DE LA MIS-MA MANERA QUE LO VAS A HACER TÚ.

Fíjate bien: María José vivió durante veinticinco años la pesadilla del pánico diario más una fuerte adicción a los tranquilizantes. Y ahora ha pasado página porque lo ha superado. Sin fármacos. Sólo con trabajo personal y mucha persistencia y determinación.

Este libro habla del tratamiento de lo que podríamos llamar genéricamente «ataques de desequilibrio emocional», un fenómeno que consiste en experimentar ansiedad aguda sin una causa racional. Dicho de otra forma: un estado de vulnerabilidad en el que hemos perdido el control de las emociones, en el que éstas se han desmadrado. Ya no somos el que éramos. Ahora somos un personaje temeroso, débil y con emociones anormales.

Los ataques pueden presentarse sin avisar. Simplemente, aparecen de la nada. Por ejemplo, al despertar por la mañana. O tras cualquier pequeño temor o adversidad sin importancia. Por ejemplo, al saber que tenemos que realizar una tarea nueva en el trabajo. De repente, la novedad nos estresa y, en poco tiempo, estamos ansiosos a más no poder. «¡Antes yo no era así! ¿En qué clase de niñato débil me estoy convirtiendo?», podemos preguntarnos.

Estos ataques de ansiedad, desequilibrio emocional o como se los quiera llamar son una auténtica pesadilla que deja a la persona exhausta, atemorizada, aislada, incapacitada, confundida y débil.

Para alguien que nunca haya padecido este problema,

resulta difícil de entender porque no existe una causa racional. Es como si nos inyectasen una droga que produce aluci-
naciones espantosas y no supiéramos cuándo tendrá efecto.
¡Podría ser en cualquier momento! Y entonces... ¡pam!: las
pesadillas nos llevan a ese maldito pozo oscuro donde sólo
pensamos en huir, en que el mal rollo desaparezca porque
notamos que ese estado nos impide hacer cualquier cosa e
incluso relacionarnos adecuadamente con los demás. El ataque de pánico es algo así como un dolor insoportable e inago-
table: quien lo sufre tan sólo desea que llegue rápido la noche
para poder dormir y apagar el cerebro ansioso de una vez.

Estos ataques son más comunes de lo que se cree. Los
psicólogos les solemos asignar diferentes etiquetas, como
«trastorno de ataques de ansiedad» o «trastorno obsesivo
compulsivo», «depresión», etc., aunque en realidad se trata
de un mismo fenómeno. Esto es: las emociones negativas son
enormes, nos invaden y ya no podemos detenerlas; dominan
nuestra vida y nos la arruinan. En estos ataques las emociones
negativas, que sentimos de un modo exagerado, entran en
bucle y nos poseen, nos arrastran al lodo del sufrimiento
emocional hasta que el propio ataque tiene suficiente y se va
por donde ha venido, aunque, eso sí, dejándonos baldados,
desorientados y asustados. Y hasta la próxima, *baby*.

¿POR QUÉ A MÍ?

Con frecuencia, la persona se siente desorientada ante lo que
le sucede: antes no era así y, por más que lo intenta, no consigue liberarse de esta rara enfermedad.

Se pregunta: «Dios, pero ¿qué me está pasando?».

Al contemplar a la gente que pasea por la calle, no puede evitar envidiarla y decirse: «¿Cómo es posible que todos estén tan bien? ¿Por qué yo no puedo ser como los demás?». A causa del temor que le provocan los ataques, la vida se transforma en un lugar inseguro, lleno de agujeros por donde caer en el abismo emocional.

Al poco de comenzar este proceso, la persona empieza a evitar situaciones asociadas al ataque, como coger el metro, entrar en grandes almacenes, quedarse sola o tener pensamientos desagradables que la predispongan a sufrir uno, cualquier cosa capaz de despertar el bucle de malestar. Y su vida, de repente, se ve muy limitada por numerosas situaciones que le dan miedo.

Una y otra vez se dice: «Dios, pero ¡cómo le puedo tener miedo a estas tonterías! ¡Si antes hasta disfrutaba haciéndolas!». Pero lo único cierto es que ésa es ahora su nueva realidad.

Y ante tal estado emocional, todo es muy difícil: tomar decisiones, afrontar pequeños problemas, esforzarse en cualquier cosa, trabajar, amar...

En ocasiones, la persona experimentará momentos de paz aislados en los que creerá que recobra la salud mental. No obstante, como una extraña maldición, el descalabro regresará al cabo de pocos días.

En este libro veremos dos subtipos de ataques de desequilibrio emocional:

- Los ataques de ansiedad (o pánico)
- El trastorno obsesivo compulsivo o TOC

Sin embargo, hay muchos más subtipos, como diferentes variedades de depresión, malestares psicosomáticos, migrañas, dolores en apariencia inexplicables... Todos forman parte del mismo fenómeno.

Si el lector se nota «débil» a nivel emocional, lo más probable es que padezca este fenómeno de los ataques de desequilibrio emocional. Aplíquese, pues, a raja tabla todo lo que aquí se dice. Basta con intercambiar esas etiquetas diagnósticas por lo que le sucede a cada uno.

En el caso de los ataques de ansiedad, pueden darse uno o más de los siguientes síntomas:

- Dolor en el pecho
- Dolor de estómago
- Ahogo
- Mareos
- Sensación de peligro (incluso de muerte)
- Y sobre todo ¡mucho miedo!

En el caso del deprimido:

- Desánimo agudo
- Cansancio físico
- Pensamientos oscuros

En el obsesivo:

- Ideas amenazantes que tiene que evitar/resolver/eliminar.

Estos ataques emocionales no son enfermedades fisiológicas u orgánicas, por mucho que puedan parecerlo. No van asociados a una falta de serotonina ni a un descenso de riego sanguíneo en el cerebro. Se trata de una simple trampa mental en la que es fácil caer, como el famoso juego chino de los dedos.

Este milenario juguete consiste en un tubo de bambú que, como muestra la imagen, se introduce en un dedo. Al intentar retirarlo, el bambú se contrae y se cierra alrededor del dedo, y cuanto más tiramos para sacárnoslo, más atrapados quedamos.

La solución pasa por hacer algo que no adivinaríamos ni por asomo: empujar hacia delante e introducir más el dedo en el tubo. Entonces, curiosamente, las fibras se abren y, con cuidado, podemos retirar el dedo.

En todos los ataques de debilidad emocional —ansiedad, depresión u obsesiones— sucede algo análogo. La persona ha caído en una ingeniosa trampa mental y sus intentos de liberarse no hacen sino atarlo más al problema: cuanto más intenta retirar el dedo, más lo atrapa el chisme.

Es importante tener esto claro: la mayor parte de los trastornos psicológicos son sólo eso: una ingeniosa trampa lógica. ¡No hay ninguna enfermedad en las neuronas, ni en la genética ni en ningún lugar físico del cuerpo! Por lo tanto, no hay necesidad de tomar fármacos.

En este libro veremos cómo liberarnos de esa trampa mental para siempre, para así recuperar TODA la fortaleza mental, la serenidad, el equilibrio y la alegría. Es decir, la vida.

Y no sólo eso: gracias al aprendizaje adquirido, poseeremos una enorme capacidad para amar y ayudar a los demás, explorar lo más bello del mundo y compartirlo con otras personas.

Debemos, pues, alegrarnos porque no padecemos una enfermedad orgánica y podemos curarnos sin fármacos y, además, salir de ella más fuertes y preparados para disfrutar de la vida. ¡Curación limpia, total y superempoderante!

¿Estás preparado para esta hermosa aventura hacia el verdadero autoconocimiento, la liberación, la fortaleza y la felicidad?

Este libro está lleno de historias de superación auténticas, historias en las que se ha vencido el problema que tú también tienes. Léelas de vez en cuando para inspirarte. Sus protagonistas son personas iguales que tú, hombres y mujeres corrientes que aprendieron esta técnica para conquistar su mundo emocional.

En este capítulo hemos aprendido que:

- Los ataques de ansiedad, las obsesiones, los dolores psicosomáticos y la mayor parte de las depresiones no son enfermedades del cuerpo. Son sólo trampas mentales de las que podemos aprender a salir. Si sufres ataques de ansiedad, trastorno obsesivo compulsivo, depresión o hipocondría, alégrate: sólo tienes un problema lógico, no médico. Te puedes curar completamente, sin fármacos y sin secuelas.

- Por muy confuso que estés, por muy débil que te sientas, no te preocupes: te vas a poner bien muy rápido. La gente que ha pasado por esto se sentía igual y ahora, como María José, sonríe a la vida. No lo dudes: si sigues las instrucciones de este libro, muy pronto estarás en ese grupo. Sólo depende de ti.

- Toda la confusión, el dolor emocional, la debilidad y el temor desaparecerán como por arte de magia cuando hayas completado tu autoterapia. Será un trabajo intenso, a veces duro, pero ¡está garantizado!

2

El mecanismo de la neura

> Nuestro trabajo de crecimiento personal tienen
> mucho que ver con tener el coraje de morir, el
> coraje de morir continuamente.
>
> PEMA CHÖDRÖN

Diego es un empresario de cuarenta y ocho años. Es alto, bien proporcionado y se mantiene muy atlético. Recuerdo que, cuando lo conocí, aunque su estado emocional era muy precario, tenía un aspecto imponente. Vestía con elegancia y tenía el cabello moreno ondulado, peinado hacia atrás. Unas gafas muy modernas coronaban su look elegante pero un tanto informal.

Diego llegó a la consulta completamente agotado. Desde joven había sufrido los estragos de la debilidad emocional, sobre todo, ataques de ansiedad. Y había probado muchísimos tratamientos sin apenas resultados.

Sin embargo, al cabo de alrededor de un año de trabajo acertado, ya era otra persona. Tras su exitosa terapia, me escribió una carta para que la hiciese llegar a cualquiera que afrontase su mismo problema. Se trata de una carta preciosa, con un mensaje muy claro para quienes empiezan esta autoterapia:

Prometí a Dios que, si algún día conseguía poner fin a mi larga historia con la ansiedad y la depresión, intentaría que los padecimientos que yo había sufrido sirvieran para dar luz a otras personas que, como en mi caso, llevan muchos años padeciendo profundos episodios de debilidad emocional. Mi historia es una prueba de que se puede salir adelante y, además, encontrarse la mar de bien. Ahora se habla mucho de la plasticidad de la mente, y creo que yo soy una prueba más de ello.

Hoy puedo decir que me siento muy agradecido, feliz y asombrado por lo conseguido, pues, durante muchísimos años, pasé por un largo infierno lleno de profundos episodios de ansiedad y depresión.

Todo empezó cuando tenía cuatro años y, a raíz de un accidente, me fracturé no sé cuántos huesos por todo el cuerpo. Fue una vivencia muy traumática que marcó mi infancia. Pasé unos seis años entre médicos, quirófanos y rehabilitaciones, hasta más o menos cumplir diez. Recuerdo que fue un tiempo de mucho miedo por mi grave estado de salud. Algunas noches llamaba a mi madre porque no podía respirar y vivía angustiado por mi salud. Hoy sé que aquellos ahogos y temores eran fruto de la ansiedad, pero en aquel entonces era sólo un niño y no lo entendía.

A los dieciséis años tuve mi primera depresión. Y no sólo eso: empezó también el pensamiento obsesivo. Me venía la idea de que quizá podía atacar a alguien y eso me atemorizaba. Entonces fui por primera vez al psiquiatra, que me infló a antidepresivos y ansiolíticos.

A los veintiocho años ya había estado en tratamiento con nada menos que cinco prestigiosos psiquiatras de la región. Me trataron con múltiples y variados fármacos. Cada uno con su cóctel.

Poco después heredé la empresa de mi padre y el estrés aumentó, y, con ello, la ansiedad y el miedo. Era el año 2003. Sentía un temor atroz y muchos días me refugiaba en la cama muerto de miedo. Las ideas de suicidio eran constantes y me daban todavía más pánico. La ansiedad extrema hacía que temiese cometer una locura. No me acercaba a los cuchillos. Los pensamientos se volvían obsesivos y se retroalimentaban. Incluso me daban miedo las noticias de la tele.

Tenía la boca seca todo el día; no podía tragar. No dormía por las noches. Perdía mucho peso, estaba aturdido y me costaba pensar. Cosas como vestirme, planificar el día o darme una ducha me suponían un grandísimo esfuerzo.

Diego vivió una transformación enorme. Y es que, como él mismo explica, estuvo durante muchísimos años en un pozo muy profundo. Antes de ir a parar a mi centro, había estado ingresado varias veces en hospitales psiquiátricos, había tomado más de cincuenta fármacos diferentes y había llevado a cabo dos intentos de suicidio.

Muchos psiquiatras no habrían dado un céntimo por su recuperación. Sin embargo, hoy Diego no toma ningún fármaco, es feliz y se siente un ejemplo de alegría y amor por la vida.

Diego empezó el programa que describimos aquí y tardó dos años en recuperarse. Es cierto que dedicó un esfuerzo encomiable y que su determinación fue clave, pero, básicamente, hizo lo que aquí vamos a aprender.

Podemos preguntarnos: «¿Seré yo también como Diego? ¿Seré capaz de transformarme a mí mismo?».

Y la respuesta tiene que ser: «¡Por supuesto! Y formaré parte de una nueva hermandad de hombres y mujeres solidarios y amantes de la vida y de los demás».

TODO MENTAL

La investigación de los trastornos emocionales es apasionante y está llena de misterio. La razón es que, desde el inicio de los tiempos, estos trastornos se han confundido con enfermedades orgánicas de difícil curación y, a veces, también de terrible pronóstico.

El error es comprensible porque da la impresión de que sean problemas orgánicos. Desde luego, ¡lo parecen! El ejemplo del tabaquismo, que es otro fenómeno mental, es muy ilustrativo en este sentido.

La medicina todavía cree que las adicciones producen un cambio neuronal que desemboca en el famoso síndrome de retirada o mono, y que resolverlo es muy difícil y doloroso. Según la tesis oficial, la droga causa una especie de transformación en las neuronas, por lo que el adicto lo pasa fatal hasta que éstas se recuperan.

Sin embargo, gracias al genio británico Allen Carr, sabemos que la teoría del daño cerebral en las adicciones es un mito, al igual que el famoso síndrome de retirada.

Gracias a su método, explicado en su libro *Es fácil dejar de fumar si sabes cómo*, millones de personas han descubierto que el 95 % del síndrome de retirada es puramente mental y que, con la mentalización correcta, no aparece y punto. Yo mismo, cuando dejé el tabaco, disfruté del proceso y no pasé la más mínima ansiedad. Y, como yo, millones de lectores de Carr. Así pues, ¡no tiene nada de anecdótico o inusual!

Carr repetía, una y otra vez, que todas las dependencias son iguales, sean de alcohol, cocaína, heroína y demás. La ansiedad de retirada que sufren los que intentan dejar estas drogas es creación de su mente. La drogadicción es un fenómeno mental que, eso sí, produce muchísima ansiedad y toda clase de síntomas (sudores, fiebre, temblores y *delirium tremens*), pero, a fin de cuentas, todo eso es humo y lo produce nuestra imaginación. Por lo tanto, ¡podemos aprender a no sufrirlo!

Quienes trabajan en centros penitenciarios saben que, si en su prisión no hay forma de encontrar droga, los adictos la dejarán fácilmente, como por arte de magia, sin que se produzca el síndrome de retirada. ¿Cómo es posible? ¿Qué tiene la cárcel para producir ese milagro médico? La respuesta es simple: si la mente sabe que no hay posibilidades de conseguir droga, no activa el proceso mental de la adicción.

La persona aquejada de ataques de ansiedad u obsesiones también padece un trastorno puramente mental, por lo que es esencial que deje de buscar la solución en medicamentos, acupuntura, vitaminas o minerales.

¡Ya basta! Centrémonos en el único causante del problema: el fenómeno mental del círculo vicioso del temor. Pensemos que, cuanto más nos concentremos en el verdadero problema, antes acabaremos con él.

Por mucho tiempo que se haya sufrido un trastorno, por muy grave que sea, por muchos médicos que se hayan visitado, se trata de un fenómeno mental y la solución definitiva está a la vuelta de la esquina.

¿POR QUÉ TENGO ESTO EN MI CABEZA?

Muchos pacientes me hacen con frecuencia la siguiente pregunta:

—¿Por qué tengo pensamientos obsesivos? ¿Qué anda mal en mi mente?

—Lo único que anda mal es que has caído en una trampa mental —les respondo siempre—. Es posible que tengas una ligera tendencia neuronal a caer en esa trampa, pero esa vulnerabilidad sólo supone un 3 % del problema.

—Ah, entonces ¿sí hay un defecto en las neuronas, aunque sea pequeño? —suelen preguntar.

—Sí, pero funciona de manera idéntica al tabaco. La nicotina provoca que caigamos en la trampa mental de la adicción a través de una sensación física menor, un ligero nerviosismo, y eso desata de inmediato la adicción mental. La sensación física inicial que provoca la nicotina es una tontería, muy fácil de llevar y superar. El verdadero problema es el miedo que, a partir de ahí, desarrolla el fumador y que desencadena el síndrome de retirada, es decir, la extraordinaria ansiedad.

—De acuerdo. Entonces, hay algo fisiológico, pero es minúsculo. El problema central está en la mente y en lo que hago a nivel de pensamiento y acción, ¿verdad?

—Exacto: deja de preguntarte si lo que tienes es físico o mental porque la buena noticia es que se cura por completo con psicología, y eso es lo que vas a hacer —concluyo.

El mecanismo de la ansiedad

Y ahora estudiemos con un poco de detalle esa trampa llamada «círculo vicioso del temor», el mecanismo de la ansiedad, las obsesiones, muchos tipos de depresión, la hipocondría, etc.

Todos los miedos infundados son fruto del citado «círculo vicioso del temor».

Todo empieza por casualidad, cuando un mal día experimentamos una emoción inusualmente desagradable, que nos sorprende y nos asusta. Se puede tratar, por ejemplo, de un dolor muy agudo en el pecho, de un mareo más fuerte de lo habitual o, simplemente, de una ansiedad desconocida hasta entonces. Y, ¡atención!, ahí viene el susto: «Dios, ¿qué me está pasando? ¡Esto no es normal!». Ya está: el temor a esas sensaciones aumenta el propio malestar, y se genera una retroalimentación diabólica que produce cada vez más miedo y más sensaciones *ad infinitum*.

En el caso de los ataques de ansiedad se ve muy claro.

Un día, por casualidad, la persona experimenta, en primer lugar, una fuerte aceleración del corazón o una arritmia traicionera y, como está sensible por cualquier causa o porque la sensación es similar a un ataque al corazón, se sorprende y asusta. Ahora imaginemos que, semanas antes, un familiar de esa persona murió precisamente de un infarto. Pues bien, cuando tenga un episodio de arritmia, casi de forma automática pensará: «¡Oh, no! Seguro que es un fallo cardíaco». En consecuencia, la preocupación acelerará instantáneamente el corazón y, ¡maldición!, al notar el latido aún más fuerte, más se preocupará. ¡Ése es el nefasto círculo vicioso del temor!

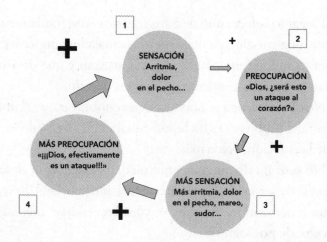

Esta espiral emocional es la verdadera fuente de los ataques de ansiedad y el trastorno obsesivo.

Con el tiempo, las sensaciones van creciendo y la persona, por miedo, empieza a evitar situaciones, lo cual acentúa la sensibilización y, por tanto, las sensaciones. Al final, se acaba desarrollando un trastorno emocional en toda regla que abruma y destroza la vida.

El mecanismo de la neura es la espiral: **sensación – preocupación – evitación** que hemos descrito. Y cualquiera puede llegar a experimentarlo. De hecho, millones de personas han caído en esta trampa mental, por el simple hecho de que la mente humana tiene tendencia a caer en ella.

He conocido personas muy fuertes a todos los niveles que han desarrollado un trastorno de pánico: policías, bomberos, políticos, empresarios, deportistas de élite... Su fuerza de voluntad, su coraje y el resto de sus admirables capacidades no impidieron que padecieran este trastorno. Eso sí, esas mismas cualidades, a muchos, les permitieron superarlo más rápido.

Llegar a padecer uno de estos trastornos es, fundamental-
mente, una cuestión de mala suerte: la mala fortuna de haber
experimentado sensaciones que nos asustan y que desenca-
denan la espiral ascendente que hemos descrito.

No obstante, una vez más, conviene subrayar que el único
origen del problema es un fenómeno mental: el círculo vicioso de la emoción. Nada más.

No se trata de ninguna enfermedad orgánica, ni de una
carencia de serotonina ni de un mecanismo neuronal. Se trata
de un fenómeno mental que se cura con trabajo mental. Y
todos podemos lograrlo si:

a) Comprendemos al cien por cien el contenido de este
libro.
b) Lo trabajamos con la debida dedicación.

En este capítulo hemos aprendido:

• Los ataques de ansiedad, las obsesiones y demás
«neuras» son una trampa mental en la que cualquiera
puede caer.
• La esencia del problema es una espiral de miedo al
miedo, un temor a sensaciones que se acentúan, fruto
del mismo temor.
• La solución, como veremos, está en perder el miedo a
esas sensaciones. Cuando lo logramos, simplemente
se desvanecen, y aparecen la alegría y el amor.

3

La cura, en una sola frase:
«Perder el miedo a la sensación»

> La gente piensa que los valientes no tienen miedo pero se equivocan; son amigos íntimos del miedo.
>
> PEMA CHÖDRÖN

Mila es una mujer de cuarenta y siete años llena de alegría por la vida, supersimpática y amable. Es hermosa, con el pelo moreno y largo y una cara siempre sonriente. Se le nota al vuelo que es una amante de la vida y de los demás seres humanos. Cuando habla, tiene un delicioso acento andaluz.

Y, además, es una artista consumada. Trabaja como cantante desde hace muchos años y le apasiona lo que hace. Tiene una voz espléndida que desparrama en coplas típicas de su tierra.

Sin embargo, Mila tuvo ataques de ansiedad durante mucho tiempo y vivió autorrecluida a causa de la agorafobia. Salía sólo para hacer su trabajo. Muchas veces, cantaba hecha un manojo de nervios. Incluso tuvo un fuerte ataque en el escenario.

Hasta que encontró una guía para salir de ese pozo y volver a ser una estrella en todos los sentidos: en su vida profesional y personal.

Con una gran generosidad, me envió el relato de su proceso de curación y tuvimos una conversación que está colgada en mi canal de YouTube.

Éste es mi testimonio. Empecé a sufrir ansiedad a los dieciseite años y me he curado del todo a los cuarenta y seis. Bastante tarde, pero ha valido la pena. ¡Por fin soy libre!

Recuerdo muy bien mi primer ataque. Como digo, tenía diecisiete años. Estaba en una fiesta en la otra punta de mi pueblo y allí, en medio de la movida, me dio ansiedad por primera vez. Superasustada, me fui corriendo a casa. El trayecto me resultó la cosa más horrible del mundo. Iba agarrándome a los muros del miedo que tenía. La sensación de asfixia era horrorosa, como si alguien me estuviese cogiendo por el cuello y apretando para ahogarme. ¡Me faltaba el aire! También sentía un mareo espantoso y tenía miedo a desmayarme. Las piernas me flaqueaban y me temblaba todo el cuerpo. Pero lo peor era el miedo.

Cuando llegué a casa, mi madre, al ver mi estado, pensó que me habían hecho algo. Le expliqué como pude lo que me ocurría y se tranquilizó. Y, al cabo de un rato, estirada en el sofá con un paño en la frente, se me fue pasando.

Pero, ¡ay, Señor!, a partir de ahí los ataques de ansiedad continuaron.

Me daban cada día y duraban unos quince o veinte minutos. La tensión se me ponía por las nubes. Luego me quedaba toda dolorida y exhausta, como si me hubiera pasado un camión por encima. Era realmente como una maldición.

Al principio, estaba convencida de que tenía alguna enfermedad grave —tiroides o algo del corazón— porque aquello no era normal.

Muy pronto, empecé a asociar aquellos horribles ataques a ducharme, salir de casa, ir a comprar, etc. Era pensar en hacer esas cosas y ya me venía el ataque, porque me daba la impresión de que podía ser peor en esas situaciones. O sea, que me los provocaba yo, pero en ese momento no entendía nada. Sólo que había pillado algo muy terrible.

Al margen de los ataques, estaba todo el día nerviosa precisamente por la amenaza que suponían. Sólo quería estar en la cama. Además estaba siempre muy triste porque mi vida se había limitado mucho.

Cuando los médicos descartaron que tuviese algo de tipo orgánico, la cosa no mejoró porque, aunque no tenía ninguna enfermedad, tampoco sabían cómo impedir los ataques.

Enseguida empecé a buscar información sobre la ansiedad y fui a un psicólogo, pero no me guio bien y no me ayudó en absoluto. En esa primera época llegué a pensar que nunca me curaría.

En un momento dado, encontré algo de información sobre el método conductual y lo llevé a cabo a mi manera. Empecé a encontrarme mejor, aunque todavía con muchos miedos. Me independicé y pude hacer una vida más normal, aunque ni mucho menos estaba bien del todo.

Y así transcurrió mi vida hasta hace dos años.

A finales de 2018 empecé a notar que volvían los ataques de ansiedad fuertes y, otra vez, el temor a que me diesen en lugares fuera de casa. Al poco tiempo ya no podía salir ni al jardín.

Y así estuve durante casi todo 2019: con ataques de ansiedad diarios. Ni siquiera era capaz de sacar a pasear a mi perra, Tara. Tenía que hacerlo mi marido. Y eso que yo lo intentaba día tras día. Recuerdo que sólo podía llegar hasta la puerta de la vecina y, una vez allí, me tenía que volver.

Ese año, además, fue el que más actuaciones tuve. Me acompañaba mi marido y teníamos que dejar el coche a pie de escenario, para meterme en él si la cosa se ponía realmente mal. Para mí, el coche era una especie de refugio. Decíamos a los organizadores que tenía muchos vestidos y material valioso para que nos dejaran tener el coche lo más cerca posible, pero en realidad era para salir huyendo y encerrarme allí si me daba el ataque.

Durante las actuaciones tenía constantes ataques de ansiedad. Aunque suene increíble es así: me venían hasta cantando.

Al final de ese año ya no podía más: lo veía todo negro. Estaba exhausta. La ansiedad había ido a más e incluso en casa me sentía fatal. Era horrible. No podía hacer la compra, ni salir ni tener independencia alguna. Tuve que llamar dos veces a una ambulancia porque no podía controlar los ataques.

En el peor momento, cuando el médico me mandó una analítica, me resultó imposible llegar hasta el centro de salud, así que tuvieron que enviarme una enfermera a sacarme sangre en casa. Ése fue mi peor momento. Ya me veía encerrada en un sanatorio para el resto de mi vida.

Y, de repente, buscando en internet aparecieron los vídeos de Rafael Santandreu. Vi la luz. Recuerdo que los miraba a todas horas. Y empecé a comprender todo mucho mejor.

Me compré sus libros y me los estudié. Al llegar a los últimos capítulos de Nada es tan terrible, *descubrí por fin las cuatro palabras mágicas. En cierta medida, ya había hecho algo parecido a lo que proponían durante mi primera etapa con la ansiedad, pero ahora lo comprendía mucho mejor. ¡Y decidí empezar a trabajar en ello diariamente!*

Desde el principio me puse objetivos. Primero, llegar hasta la puerta de mi vecina. Me decía como mantra: «Afronta, afronta».

Y qué felicidad cuando, ya el primer día, pude llegar hasta allí. Evidentemente con mucha ansiedad, pero al día siguiente fui un poquito más lejos. Y, al otro, más aún. Al cabo de una semana, me propuse sacar a pasear a Tara. ¡Y también lo conseguí! Mi mente se iba limpiando día a día, semana a semana.

Al poco, me propuse ir a hacer la compra. Entraba en el establecimiento y me decía: «Afronta, afronta». Y no veas qué subidón cuando, ya el primer día, logré ir hasta el final del supermercado y comprar todo lo que necesitaba. Eso sí, con bastante sufrimiento, pero al llegar a casa estaba eufórica.

Entonces me dije: «¡Voy a aceptar absolutamente cualquier síntoma!». Se trata de algo muy difícil para los que tenemos este problema, pero es fundamental.

En un momento dado, ya le di a tope a la exposición y me decía: «Ansiedad, si hoy quieres luchar conmigo, ¡adelante! ¡Estoy más que preparada!». Y hacía todo lo contrario a lo que el síntoma esperaba de mí: si el síntoma quería que no saliera, pues salía, y además mucho rato y muy lejos. Cuando llegaba a casa, me decía: «¡Objetivo conseguido!».

Mi determinación fue creciendo. Si un día el síntoma estaba más fuerte y me superaba, volvía a casa diciendo: «No pasa nada, mañana lo haré mejor». Y al día siguiente insistía con la exposición como una campeona.

La palabra «afrontar», como mantra, es maravillosa en todas estas ocasiones.

Poco a poco, empecé a ver la ansiedad como una amiga que estaba en mi cuerpo para enseñarme a ser mejor persona. Cada vez que me exponía, me curaba un poquito más.

La verdad es que no tardé mucho en encontrarme bien: unos dos meses a partir del momento en que me puse a tope con la exposición. Rafael me dice que es muy poco, pero estaba dispuesta a hacer lo que hubiese hecho falta, porque aquello no era vivir.

Tengo que añadir que nunca tomé ningún fármaco. Siempre he tenido mucha manía a las pastillas. Es verdad que llevaba un diazepam en el bolso por si acaso, pero nunca, nunca, me lo tomé.

Creo que eso ha ayudado a que me cure tan rápido usando el libro Nada es tan terrible *de Rafael.*

Hoy en día hago una vida totalmente normal y soy feliz. Ya no tengo ataques de ansiedad ni miedo a sufrir uno. En todo un año he tenido tan sólo un amago de ataque pero muy pequeño: como no le tengo ningún miedo, desaparece rápido. Ahora mismo, me pongo una nota de 9,99 sobre 10.

Recomiendo a todo el mundo que se ponga las pilas y apueste por este trabajo, porque la vida les está esperando y, además, no hay alternativa. Cuando una persona tiene ansiedad, se encuentra en una situación nefasta, por lo que hay que luchar para salir de ahí.

Pensaba que nunca me curaría, pero lo hice. O sea, que si yo puedo, cualquiera puede hacerlo.

Adelante, amigos. Os animo desde aquí. Este trabajo es difícil, pero es lo más importante —y hermoso— que se puede hacer en la vida.

PERDER EL MIEDO

La solución a todos los trastornos de los que nos ocupamos se puede resumir en una sola frase: «Dejar de tener miedo a la emoción».

En el momento en que dejemos de temerla, el problema se resolverá de forma instantánea, aunque ese proceso pueda demorarse meses.

¿Qué significa dejar de tener miedo al miedo?

1) Estar cómodo con él.

2) No pensar en la ansiedad (o la depresión) como si fuera una amenaza, sino como una minucia sin importancia. Incluso como algo familiar que nos puede ser útil.

3) Que nos dé igual si se produce o no.

Los aprendizajes de este manual van dirigidos a este objetivo.

Recordemos que el miedo es humo. Todas las emociones negativas lo son, en realidad. Son creaciones de nuestra mente que desaparecerán de forma aparentemente milagrosa si dejamos de temerlas. Si nos ponemos cómodos en su presencia.

En este libro veremos que la metodología esencial para dejar de tener miedo al miedo es la exposición: entrar en contacto con las emociones que tememos, hacernos amigos de ellas hasta que desaparezcan; el cerebro, simplemente, las neutraliza, las elimina, y nos libera de ellas para siempre. De forma matemática. Sin excepción.

MILLONES DE PRUEBAS

Antes de cerrar este conciso capítulo, quiero dejar claro otro concepto: esta forma de terapia está más que contrastada. Literalmente, millones de personas la han seguido con éxito.

Una de las pioneras en el tratamiento conductual de los trastornos de ansiedad fue la médica australiana Claire Weekes. En los años treinta del siglo xx, Claire era una joven estudiante de Medicina, una de las primeras australianas en cursar estos estudios. Tenía una personalidad arrolladora: era inteligente, atrevida, moderna y activa.

Pero, por casualidad —como se inician la mayoría de estos trastornos—, sufrió un episodio de ansiedad que la asustó y dio paso a un verdadero calvario emocional. Enseguida desarrolló ataques diarios que le hacían la vida muy difícil. En aquella época, a este tipo de problema se le ponía la etiqueta general de «crisis de nervios» y se recetaban tranquilizantes, pues, al parecer, nadie tenía un remedio para combatirlas. Con mucha fuerza de voluntad, Claire continuó con sus estudios, pero tenía épocas realmente complicadas en las que apenas podía cumplir con sus obligaciones estudiantiles.

Sin embargo, otra casualidad la llevaría a la salida del pozo. Un amigo británico que había combatido como soldado en la Primera Guerra Mundial supo de sus ataques y le dijo: «¡Claire, eso que tienes es neurosis de guerra! Muchos de mis compañeros la sufrieron. Es consecuencia de una impresión fuerte, es miedo al miedo. Y la solución es mirarlo de frente y amistarse con él».

En entrevistas posteriores, la doctora Weekes explicó que aquella conversación con su amigo excombatiente fue la clave de su curación. Las palabras «miedo al miedo», «consecuencia de una impresión», «amistarse con el miedo» le abrieron los ojos.

A partir de ahí, ideó un sistema para superar su ansiedad y, tras lograrlo, dedicó el resto de su carrera profesional al tratamiento de casos similares.

Claire Weekes llegó a ser muy reconocida en el mundo anglosajón, tanto en Australia como en Reino Unido y Estados Unidos. Trató a miles de pacientes y publicó varios libros superventas. Todavía hoy en día, Claire Weekes es un referente para cientos de miles de personas a través de sus escritos y grabaciones, que se pueden encontrar en internet.

De todos modos, la doctora Weekes es sólo uno de los muchos especialistas que han dedicado su vida a divulgar el método conductual de curación de estos problemas. Existen muchos otros.

Edna B. Foa ha enfocado toda su carrera hacia el tratamiento del TOC. Esta psicóloga neoyorquina cuenta en su haber con miles de casos felizmente resueltos. Y, por supuesto, Foa lo tiene claro: el sistema conductual es la clave definitiva.

Otro gran referente es el psiquiatra norteamericano Jeffrey M. Schwartz, autor de varios libros de éxito. El doctor Schwartz dirige, desde hace cuarenta años, un centro especializado en el trastorno obsesivo y ha acompañado también a miles de pacientes en este proceso de transformación personal.

Por lo tanto, fuera dudas: el método que tenemos entre manos es seguro; está más que comprobado. «Perder el miedo al miedo» es la estrategia que ha funcionado a un sinfín de gente. ¡Y nosotros vamos a seguir esa misma estela! Seremos uno más de este grupo de personas maravillosas que domaron su mente.

En este capítulo hemos aprendido que:

- El camino para la curación consiste, en pocas palabras, en perder el miedo al miedo.
- Disponemos de un método más que contrastado para conseguirlo, llamado terapia conductual.
- Millones de personas lo han hecho antes: ¿vamos a quedarnos nosotros atrás?

4

La metáfora de la cloaca

Tenemos que hacernos amigos una y otra vez de nuestro miedo; y repetirlo un billón de veces con plena conciencia. Entonces, sin darnos cuenta, algo empieza a cambiar.

PEMA CHÖDRÖN

Estela tiene cuarenta y dos años y es madre de tres hijos pequeños. Es una mujer hermosa, moderna y entusiasta de la vida. Se dedica a la formación en tratamientos estéticos y tiene mucho éxito en su trabajo. Sus clientes la adoran.

Un día, recibí un correo electrónico suyo de agradecimiento. Una amiga le había recomendado mi libro *Nada es tan terrible* y le había cambiado la vida. Leyéndolo había comprendido que la terapia de los cuatro pasos era todo lo que necesitaba para curarse, liberarse de los psicofármacos y desarrollar la mejor versión de sí misma. Así que se puso manos a la obra, ella sola, con grandes dosis de esfuerzo y determinación.

Como les suele suceder a todos los que la siguen, la terapia le ha parecido algo mágico y está entusiasmada porque la aplica a cualquier emoción negativa de su vida, por pequeña que sea. Ahora se siente más fuerte y feliz que nunca.

El siguiente testimonio resume su historia. Y en mi canal de YouTube también se puede encontrar una conversación con ella.

Conocí a Rafael por casualidad en una época desesperada de mi vida. Yo siempre había sido feliz, «la alegría de la huerta», hasta que me entró la ansiedad y me destartaló por completo.

Antes había tenido adversidades, como la muerte repentina de mi madre, de leucemia, tras un solo mes de enfermedad. Y lo pasé mal, pero era un estar mal de manera «normal», sin una ansiedad loca asociada.

En fin, no sabía qué era estar mal emocionalmente y... ¡madre mía, si lo aprendí!

Todo empezó hace diez años. En septiembre de 2010, un sábado por la mañana recogiendo la casa, empecé a sentir mucho frío en la cabeza. ¡Pero mucho! Tanto que pensé que era un infarto cerebral. Y es que el padre de mi pareja había fallecido de eso hacía poco de forma repentina.

El frío fue aumentando y, de sopetón, se le añadió una sensación de ahogo horrible. ¡No podía respirar! Y decidimos llamar a una ambulancia.

En el centro médico me pusieron un diazepam bajo la lengua y para casa. Diagnóstico: ANSIEDAD. Ése fue el primer maldito día de mi pesadilla.

Al cabo de dos días, cogí la moto para ir a trabajar y, ¡pam!, en medio de la calle, me dio un ataque de pánico tremendo. Tuve que dejar la moto allí mismo y coger un taxi. Como pude, llegué a casa de mi suegra, que vivía cerca. Allí, en el sofá y con otro diazepam, la cosa fue calmándose.

A partir de ahí, se sucedieron los ataques, múltiples y en diferentes sitios. Por ejemplo, al entrar en el metro o en unos grandes almacenes... Sentía mareo, sudor, ahogo y sensación de irrealidad. Y un montón de veces: ambulancia, hospital y vuelta a empezar. En una semana vinieron a buscarme al trabajo cinco ambulancias: una por día. La ansiedad y una terrible sensación de pena invadían mi día a día limitándome prácticamente en todo.

Si hubiese tenido valor para tirarme por el balcón, lo habría hecho. No quería vivir así. La pena me dominaba. La irrealidad me torturaba.

En ese momento decidí ir a ver a un psiquiatra, que me recetó fluoxetina, un antidepresivo. Y alucina: me sentó muy bien y aquellos síntomas desaparecieron. Eso sí, abandoné el diazepam porque me dejaba zombi. Pero continué con la fluoxetina hasta 2013. En total, tres años. Luego la dejé porque, en principio, ya estaba bien.

A partir de entonces, recuerdo que, de tanto en tanto, recurría a la fluoxetina porque empezaba a encontrarme triste y me daba la impresión de que la necesitaba, aunque ya no tenía ataques de ansiedad.

Sin embargo, en septiembre del año pasado, mientras estaba estirada en el sofá viendo una película tan tranquila, empezó de nuevo todo el pack: la sensación de irrealidad, la pena, la depresión y la ansiedad. ¡Pero más fuertes que nunca! «¿Cómo puede ser?», me preguntaba. «Todo me va bien: mi trabajo, mis hijos maravillosos, mi pareja, que es un amor... ¿Por qué esta maldita ansiedad?»

En esta última visita de la ansiedad, más intensa que nunca, volví a tomar fluoxetina. Pero, para mi sorpresa, ya no me hacía efecto. Me desesperé. ¿Qué iba a ser de mí? Me había conven-

cido de que necesitaba ese fármaco para estar bien, pero ya no me servía de ayuda.

Hasta que una amiga me dijo: «Léete este libro, Nada es tan terrible, y mira vídeos de este chico». Y, voilà, apareció Rafael, con sus libros y sus vídeos. Devoré todo ese material y, siguiendo las cuatro palabras mágicas, me he curado.

Ha sido un camino difícil, muy duro, pero el resultado ha sido mágico y maravilloso.

Ahora ya no lucho con doña Amarga (la ansiedad). Sólo le digo: «Ya te irás cuando quieras». Y se va.

Doña Amarga ya no me visita casi nunca y, cuando lo hace, se queda menos de un minuto. Y nunca he sido tan feliz.

He sudado lo que no está escrito. He llorado de impotencia lo que nadie sabe. He querido morirme más de una vez, pero he seguido todos los pasos al pie de la letra y aquí estoy: más viva que nunca y con ganas de mucho más.

Toda mi mente ha cambiado. Ahora, cuando me duele algo, no le doy importancia y deja de dolerme. ¡Es brutal!

Recuerdo que, al principio, cuando leí en el libro que tenía que «aceptar» la ansiedad, pensaba que sería imposible porque ¿cómo iba a aceptar esas sensaciones tan horribles? Creía que Rafael estaba loco.

Sin embargo, por increíble que parezca, aprendí a aceptar y, es más, a rendirme. Aprendí a decir a la ansiedad: «Te vienes al trabajo conmigo y no pasa nada».

En conjunto, tardé unos cinco meses en ponerme bien. Fueron cinco meses muy duros trabajando a tope con los cuatro pasos. Tanto ha sido el esfuerzo que me he quedado en 53 kilos, y eso que mido 1,70 metros. Pero ha valido la pena.

Creo que me ha ayudado el hecho de ser muy cabezota.

Las exposiciones fueron tremendas. Por ejemplo, para exponerme a la ansiedad iba en coche y me pasaba todo el tiempo llorando. Aun así, hoy me siento muy orgullosa de haberlo hecho.

Hay que tener mucha fe porque el camino de la recuperación no es nada fácil. En las recaídas quieres tirar la toalla, pero hay que seguir adelante. Yo me decía: «Todos los testimonios que muestra Rafael no pueden estar engañándonos. Vamos, Estela, ¡no dejes de trabajar!». O bien: «¡Si ellos lo han conseguido, no voy a quedarme yo atrás».

A todo el que lea este testimonio le quiero decir que este trabajo es mágico. No dudéis en hacerlo.

Yo antes dependía de unos ridículos fármacos y, encima, no estaba bien del todo. Por contra, ahora me siento fuerte y feliz, con pleno control de mi vida y de mi mente. Vivo agradecida a la vida amando todo lo que me da.

Amigos y amigas: tened fe y perseverancia. ¡Estáis a punto de cambiar para siempre!

No sé en cuántas ocasiones habré explicado a mis pacientes la metáfora de la cloaca. ¡Cientos! Muchos de ellos llegan a mí en estados muy precarios: arruinados a nivel emocional, exhaustos por las palizas que les propina su neura, pensando en el suicidio día sí, día también. Y esta metáfora, este cuentecito, es la clave de su renacimiento, porque les permite comprender con claridad cuál va a ser el plan de trabajo. Y, armados con esa hoja de ruta, empiezan el tratamiento con paso firme. Pues bien, tú estás a punto de dar ese mismo paso.

La metáfora dice así:

Imagina que te acaban de emplear para trabajar en las cloacas de tu ciudad. Hoy es tu primer día. Te acompañan dos compañeros veteranos. Juntos, levantáis la tapa de una alcantarilla y os introducís en los túneles con todo vuestro equipo a cuestas: altas botas de goma, mono protector que se lava cada día, etc. En cuanto pisas el suelo de la alcantarilla, una intensa peste te golpea las fosas nasales, ¡pese a que llevas una excelente mascarilla protectora!

Visualiza que, al cabo de dos horas de trabajo, os detenéis para hacer un descanso y tus dos compañeros sacan un bocadillo. Tú, asombrado, exclamas:

—Pero, chicos, ¡no me digáis que vais a comer aquí ahora! ¡Con esta tremenda peste!

Tus compañeros ríen.

—Pero ¿de qué hablas, novato? Si aquí corre el aire puro.

Visualiza, a continuación, que han pasado varios meses. Una tarde regresas a casa del trabajo y, al cruzar la puerta, tu pareja te grita:

—¡Cariño, por Dios, quítate esa ropa ahora mismo y métete en la ducha! ¿Cuántas veces te he dicho que no entres así en casa?

—Perdona, amor. Es que llego tarde al dentista. Pero... ¿de verdad huelo mal? —preguntas sinceramente.

—¡Dios mío! ¡Apestas! ¡Venga, a la ducha! —concluye ella.

La metáfora de la cloaca describe un fenómeno que todos hemos experimentado, aunque no le hayas puesto un nombre: «la desensibilización neuronal de los estímulos negativos». Esto es, después de una exposición masiva y continua a un estímulo nocivo, el cerebro elimina la percepción negativa.

El tabaco y el alcohol son ejemplos de este fenómeno de desensibilización neuronal. Cuando uno se inicia en el tabaco, los cigarrillos siempre le saben fatal, incluso hasta el extremo de hacerle vomitar. Pero, si insistimos, al cabo de unas semanas dejan de sabernos a rayos. Ya no notamos nada. Más adelante, llegaremos incluso a pensar que nos gustan.

La verdad es que el tabaco sigue siendo el mismo veneno de siempre, el primer día y el último, y su sabor real es asqueroso: no es más que sucio alquitrán. Lo que sucede es que el cerebro nos desensibiliza respecto a ese nauseabundo sabor porque razona de la siguiente forma: «Este muchacho no deja de fumar, pese a que le envío estímulos claramente desagradables, casi dolorosos. La única razón posible de su actitud es que necesita exponerse al veneno para su supervivencia. Será mejor que le retire esas percepciones desagradables. Le desconectaré las neuronas que captan el mal olor y sabor. Y que haga lo que tenga que hacer para sobrevivir».

Esta maniobra desensibilizadora del cerebro es muy común. Afecta a todos los adictos a todas las drogas, a los que trajinan con pescado o a los médicos forenses..., es decir, a todos aquellos que se exponen de forma continuada a estímulos desagradables.

Los médicos forenses, por ejemplo, ni se inmutan mientras sierran la cabeza a un muerto, porque se han desensibilizado a la aprensión natural que sentimos los seres humanos ante la visión de un cadáver abierto. Para ellos es como colgar un cuadro en la pared.

La mente es capaz de desactivar las neuronas que captan algo nocivo si:

- Nos exponemos todos los días.
- La inmersión en la sensación desagradable es completa.

Voilà! Éste es el principio mágico en el que se basa nuestro trabajo para desaprender el miedo. Y no por casualidad la terapia que estamos estudiando aquí, la terapia conductual, también se conoce como «terapia de exposición», la más eficaz comparada con cualquier otro enfoque, como demuestran todos los estudios desde hace más de cincuenta años.

Este fenómeno de desensibilización neuronal es muy curioso y no falla nunca. ¡Sucede siempre! Sin excepción. Si trabajas todos los días en las cloacas, si abres cadáveres para ganarte la vida..., tú mente tomará el control y desconectará la percepción de los estímulos negativos. ¡Quieras o no!

Pero, recordemos, la exposición debe ser:

- Diaria.
- Completa.

En este libro se explican todos los detalles para realizar un trabajo completo de desensibilización. Y lo mejor es que, una vez dominada la técnica, podremos aplicarla a cualquier situación, a cualquier emoción, hasta tener un perfecto dominio de nuestro mundo emocional. Seremos personas especialmente positivas, de mente clara, alegres, llenas de energía, capaces de dar lo mejor de nosotros.

Nos aguarda un maravilloso futuro, así que comencemos cuanto antes porque nos está esperando la vida: la gran vida. ¡Es hora de empezar!

En este capítulo hemos aprendido que:

- La terapia de exposición, archidemostrada con cientos de estudios y millones de casos de éxito, se basa en un fenómeno mental universal.
- Primero vamos a curarnos completamente y después a asegurarnos de que una emoción negativa NO impida nunca más nuestra alegría y nuestro disfrute de la vida.

5

La metáfora del niño maleducado

> Cuando no tenemos esperanza, lo que quere-
> mos hacer es ir a la izquierda o a la derecha. No
> queremos sentarnos a sentir lo que estamos sin-
> tiendo. No queremos pasar por la desintoxica-
> ción; y, sin embargo, tenemos que hacer exac-
> tamente eso.
>
> PEMA CHÖDRÖN

Patricio es un joven psicólogo, amigo mío, que superó de forma espectacular su trastorno obsesivo. Y lo hizo a partir de manuales y de mucho trabajo personal, nada más. Ahora tiene treinta años y se dedica precisamente a tratar este trastorno.

Patricio es alto y elegante; bien parecido. Tiene un acento andaluz muy marcado que le da un aire más dulce, si cabe. Trata a todo el mundo con cariño y respeto, y cae bien allá adonde va.

Nos conocimos en un congreso de psicología y conecta-mos de inmediato. A mí me pareció un tipo excelente que, además, había hecho un trabajo fantástico. Siendo todavía muy joven, había superado dos problemas bastante serios: una fuerte adicción a los ansiolíticos y un TOC muy severo.

Éste es su testimonio:

A los doce años, mi mente produjo mi primera obsesión. Tengo muy fresco ese momento. Estaba en clase tan tranquilo y me vino a la cabeza la idea de que podía asesinar a otros niños de la escuela, sobre todo, si eran más pequeños: aplastarles la cabeza, acuchillarlos, etc.

Me asusté muchísimo: «Dios mío, pero ¿cómo he pensado tal barbaridad?». A partir de entonces, y durante más de diez años, esas ideas se agolpaban todos los días en mi cabeza. De forma torrencial. Y me producían una ansiedad enorme.

Mis padres, que son médicos, me llevaron al psiquiatra, y éste me recetó antidepresivos, ansiolíticos y una psicoterapia humanista (inadecuada para mi problema). Aun así, las obsesiones apenas cedieron.

No sé cómo me las arreglé para estudiar, tener amigos y demás, pero lo hice, aunque también aprendí a ser muy buen actor. Por dentro, estaba lleno de ansiedad, pero la gente no lo notaba en absoluto.

A causa de tanto sufrimiento, a los veinte años caí en una grave depresión. Sólo pensaba en morir. ¿Para qué vivir de aquel modo, enganchado a los ansiolíticos, recluido en casa y con una ansiedad tan bestial?

Llegué a tomar unos siete ansiolíticos diarios. Recuerdo que, un día, iba caminando por la calle y me desorienté. No sabía cómo volver a casa. Estaba tan dopado que reaccionaba como un abuelo con alzhéimer. Ahí me asusté, y me di cuenta de que no podía seguir de aquel modo.

Así que me armé de valor y decidí dejar los fármacos. Quería buscar una solución diferente, pelear con otros medio para salvar mi vida. Por mí y por mis padres, que estaban pasando un calvario conmigo.

Después de una épica desintoxicación de seis meses, me liberé de los ansiolíticos. Éste es un capítulo de mi vida que daría para un libro. Fue una batalla muy dura. Primero ingresé cuatro días en una clínica de mi ciudad y luego decidí pasar el mono yo solo. Mi padre me acompañaba todos los días a dar larguísimas caminatas para combatir la abstinencia. Pasé muchas noches en vela. Pero finalmente lo logré.

Acto seguido, me dediqué a estudiar todo lo que pude sobre el TOC y su curación. Y no tardé en encontrar el método conductual. ¡Por fin tenía unas herramientas! Y puse en marcha toda mi determinación.

Si dejar los ansiolíticos había sido difícil, superar el TOC lo fue todavía más. Me dejé la piel, pero, en un año, estaba completamente bien. La locura de mi vida pasada ya era eso: cosa del pasado.

Después decidí estudiar Psicología, y hoy en día disfruto ayudando a otros a salir del pozo en el que caí.

Te aseguro que, si tú quieres, puedes realizar el trabajo que yo llevé a cabo. El premio es el mejor: convertirte en una persona nueva, libre y feliz.

Desde hace muchos años, empleo con éxito otra metáfora que puede ayudar a comprender, de nuevo, cuál es el fundamento del trabajo conductual.

Por alguna razón, en mis primeros años como psicólogo, muchos de mis pacientes tenían hijos pequeños muy maleducados, como los que salían en el programa de televisión *Supernanny*.

Recuerdo uno, por ejemplo, llamado Dani, de seis años, que me escupía durante las sesiones. También lanzaba los objetos de mi despacho al suelo con la intención de hacerlos añicos. Los tiraba con sorprendente fuerza. Estaba totalmente descontrolado. Y sus padres, que estaban allí mismo, contemplaban sus actos con un gesto que decía: «Vaya, qué chiquillo tan pícaro. En fin, qué le vamos a hacer...». La pareja estaba separada, pero secundaba el mismo proyecto educativo: consentir totalmente al niño. La madre lo alimentaba sólo con yogures de frutas porque era lo único que Dani quería comer. Tenía la nevera repleta de yogures de todos los sabores. En la primera sesión, le pregunté:

—Pero ¿te das cuenta de que con esa alimentación estás poniendo en peligro la salud de tu hijo?

—Sí, Rafael. Pero te juro que, si no le diera yogur, no comería nada. ¡Estoy desesperada! —contestó entre lágrimas.

Esos padres me enviaban a su hijo para que tratara un posible trastorno, cuando era evidente que el problema lo tenían ellos. Desde que era un bebé, habían corrido para concederle cualquier deseo, como si se fuese a romper si no vivía entre algodones. Como resultado, el niño se había vuelto un tirano que no dudaba en destruirlo todo si no le prestaban toda la atención y le concedían cualquier capricho.

A mis pacientes con ataques de ansiedad les explico en qué consiste la terapia de exposición a partir de estos ejemplos de niños maleducados. Les pregunto:

—¿Qué crees tú que hay que hacer con un niño que tiene pataletas en el supermercado porque quiere chuches? Imagínate que se pone a gritar, a patalear, a llorar e insultar porque quiere una bolsa de dulces.

—Desde luego, ¡no darle las chuches! Tenemos que hacerle saber que, con pataletas, no obtendrá lo que quiere —suelen responder.

—Exacto. Pues eso es precisamente lo que tienes que hacer con tu ansiedad: hacerle saber que no tiene ningún poder sobre ti. Hay que demostrárselo. Pero déjame que te siga preguntando: mientras el niño tiene la rabieta, ¿qué debe hacer la madre en el supermercado?

—Pues no sé, quizá... ¿continuar comprando? —sugieren.

—Exacto. Seguir con la actividad normal. Eso demostrará al niño que las pataletas no funcionan, que no causan ningún efecto. Y, al cabo de poco tiempo, dejará de tenerlas —concluyo.

La metáfora del niño maleducado nos dice que las emociones negativas exageradas son pataletas de una parte de nuestra mente que es maleducada e infantil y nos quiere someter a su dictado. Pero, atención, siempre podemos adiestrarla. Y para llevar a cabo este trabajo de adiestramiento, necesitaremos:

- Demostrar al niño (la mente infantil) que sus malas maneras no van a dar ningún resultado.
- Tener aguante: no hay otra que aguantar impávidos las pataletas durante un tiempo.
- Comportarse de la forma más coherente, perseverante y clara posible.

Así, la mente va reeducándose hasta convertirse en un amigo educado, amoroso y agradecido. Una delicia. Lo mismo sucede con los niños maleducados: también se vuelven dulces y amables.

DETERMINACIÓN TOTAL

Tras explicarles la metáfora de las pataletas, mi diálogo con los pacientes con ataques de pánico suele seguir así:

—¿Sabes? A menudo, cuando enseño a una madre a educar a su hijo, casi siempre me pregunta: «Rafael, y mi hijo ¿tardará mucho en dejar de tener pataletas?». ¿Tú qué crees que le respondo? ¿Cuánto crees tú que se tarda?

—No sé. ¿Unas semanas? ¿Unos meses? —me dicen.

—Mira: si dejasen a mi cuidado a un niño de esos, te aseguro que en tres semanas ya lo tendría perfectamente educado. ¡Pero tendrías que verme! Yo sería firme como un sargento. Sólo con mi mirada, el mocoso sabría que no negocio jamás y que estoy dispuesto a ir hasta el final.

—Ya lo veo: la velocidad del aprendizaje depende de la actitud del educador —responden.

Y es que la terapia de exposición es como educar a un niño maleducado, sólo que el mocoso está dentro de nuestra mente. De modo que, si lo hacemos con decisión y coherencia, lo conseguiremos rápido. En cambio, si caemos en el error de no ser perseverantes y firmes, si nos esforzamos en ser educativos sólo de vez en cuando, ese niño a lo mejor no aprende jamás. Un padre que cede cuando está cansado o estresado fracasará, porque las mentes maleducadas (y así es nuestra mente neurótica) requieren toda la perseverancia y coherencia del mundo.

Más de una vez, he visto a padres que, después de toda una hora de terapia, de explicarles todos los argumentos, de darles un sinfín de indicaciones, me dicen casi temblando:

—Vale, Rafael, lo entendemos. Lo vamos a intentar.

Y ese «Lo vamos a intentar» me deja atónito. Realmente me sorprende que me digan eso, y les replico:

—¿Cómo que lo intentaréis? ¡Me parece que no habéis entendido el asunto! Aquí no valen los intentos. ¡Lo tenéis que hacer cueste lo que cueste!

Porque si sólo «lo intentan», es seguro que el niño les ganará la partida. Y lo hará por palizón.

Para realizar el trabajo conductual, es necesario tenerlo perfectamente claro. Debemos decirnos a nosotros mismos: «¡Por ahí no paso! Ese niño va a comportarse porque yo soy su padre y éste es el orden natural de las cosas. Los padres tienen el mando y los niños obedecen. ¡No al revés! De ninguna forma voy a permitir que eso se revierta».

La terapia de exposición es fácil si nos armamos de:

- Convicción, total y absoluta.
- Perseverancia y aplomo.

Entonces, la terapia puede ser fácil y rápida.

Muchos educadores son expertos a la hora de educar a niños pequeños. Y frente a ellos, los niños se comportan bien de inmediato. Estos educadores disfrutan de su trabajo, pues tienen claras las reglas básicas de la educación infantil y las aplican con destreza y goce. Son los clásicos profesores que manejan perfectamente treinta o cuarenta chicos de cualquier condición.

No hay peligro

Recuerdo una de esas madres de niños maleducados que me decía:

—Rafael, tú no sabes cómo se pone mi hijo. Se tira al suelo, empieza a dar patadas al aire, se pone rojo, deja de respirar... De verdad, si no le doy las chuches, ¡un día le va a dar algo!

—Mira —le respondí—, los niños tienen pataletas desde la época de los egipcios. Y a ninguno le ha sucedido nunca nada. ¡Tu hijo controla muy bien lo que hace! De verdad, no tengas miedo. Efectivamente, en los casos de ataques de pánico u obsesiones, no existe ningún peligro. La mente infantil controla a la perfección todo lo que está sucediendo. Se trata sólo de pataletas que nos asustan, así que ¿vamos a asustarnos de un mocoso y sus burdas argucias infantiles? ¡Ni de coña!

Tanto en el caso de los trastornos emocionales como de las pataletas, una vez desarmados, pasan a la historia en muy poco tiempo. Es decir, la persona se olvida de haberlos tenido. Los niños, por ejemplo, crecen felices y, si les recuerdas sus pasadas rabietas, suelen responder: «¡Yo no hacía eso, mamá! Eso es de niños tontos».

He entrevistado a centenares de personas que han superado un trastorno de ataques de pánico o un TOC y, tras un año o dos, siempre tienen que hacer un esfuerzo para recordarlo. Sonríen y dicen: «Me cuesta describirte qué síntomas tenía porque ya ni me acuerdo».

Pues bien, la terapia de exposición que ha ayudado a millones de personas a superar sus problemas de ansiedad y obsesiones funciona exactamente como la metáfora del niño maleducado.

Así que pongámonos a trabajar ya mismo: cuanto antes eduquemos al niñato, antes tendremos una mente cariñosa, sosegada y agradecida. Y recordemos: cuanta más decisión y firmeza imprimamos, más rápido lo conseguiremos.

En este capítulo hemos aprendido que:

- Educar la mente es como educar a un niño que tiene pataletas. Toda la vida ha funcionado así, en ambos casos.

- Hay que adiestrar la mente para que entienda que con las tormentas emocionales no conseguirá nada; en cuanto lo comprueba, deja de producirlas.

- Esta reeducación implica aguantar las pataletas estoicamente durante un tiempo. Mientras cae el chaparrón, hay que hacer algo útil para que entienda que sus tormentas son ineficientes.

- Cuanto más claro lo tengamos y más decididos estemos, más rápido obtendremos resultados.

6

La solución de los cuatro pasos

> Cuando sientas dolor: ¿podrías usar ese momento como una oportunidad de oro? En lugar de perseguirte a ti mismo o sentir que te está ocurriendo algo terriblemente malo, ¿podrías relajarte y tocar el espacio ilimitado del corazón humano?
>
> PEMA CHÖDRÖN

Cuando Sergio vino a verme a la consulta tenía treinta años. Era un chico moreno, muy alto, de porte atlético. Tenía el clásico look de un modelo de alta costura.

Trabajaba como mecánico de aviones para una importante empresa internacional y vivía con su novia. Era muy deportista y activo. Había obtenido un título académico de primer nivel y conseguido un trabajo que lo apasionaba. Tenía múltiples capacidades y mucha energía, pero, desde hacía un tiempo, su vida había caído en un pozo negro.

El primer día de terapia, nuestra conversación fue así:

—*Llevo mal unos cinco años. El primero fue horrible, hasta que tomé antidepresivos. Me fueron bien durante unos dos años, pero luego, por alguna razón, dejaron de hacerme efecto. Desde entonces, estoy cada vez peor.*

—*¿Cuáles son tus síntomas?* —*pregunté.*

—*Ataques de ansiedad. Me cogen dos o tres veces por sema-na y, según qué temporadas, todos los días. El corazón se me dispara, siento una ansiedad terrible, me mareo, me tiemblan las manos y pienso que voy a morir. Es simplemente horroroso.*

—*¿Con el antidepresivo te encontrabas bien del todo?* —*investigué.*

—*No, del todo no, pero estaba mucho mejor que ahora. Cuando lo tomaba, me daba un ataque quizá cada dos meses. Así que podría decir que estaba medio bien, medio mal.*

—*Entiendo. Y según dices, el antidepresivo no funciona desde hace dos años. ¿Estás tan mal como al principio, cuando empezó el problema?*

—*Incluso peor. Y te confieso, Rafael, que me he planteado el suicidio, porque esto me está haciendo polvo* —*me dijo muy apesadumbrado.*

Nos pusimos a trabajar de inmediato. Todos los días tenía que exponerse a las situaciones que le provocaban los ataques. Por ejemplo, conducir y alejarse de casa.

Como en casi todos los casos, cuando la persona siente ansiedad, desea quedarse en casa porque cree que ese recogimiento le proporciona alguna protección, ya que su pareja la atenderá o podrá llamar rápidamente a una ambulancia. Por el contrario, estar fuera del hogar le supone un riesgo enorme, casi como estar en peligro de muerte. Así que Sergio tenía que hacer justamente lo opuesto.

Otra de las tareas terapéuticas que tenía que hacer era ir en bicicleta. Antes de los ataques, Sergio era un consumado ciclista de montaña. Ahora, la idea de alejarse en bici le daba pánico:

si sufría un ataque, tardaría demasiado en llegar a un hospital; sentía que moriría rabiando en la montaña, un horror.

Sergio trabajó de forma ejemplar. Todos los días —¡todos!— hacía alguna tarea, como viajar en coche o ir en bicicleta. ¡Y se internaba solo por remotos caminos de montaña! ¡A veces de noche!

Y la guinda fue pedir a su jefe que le permitiera participar en los viajes de prueba de los aviones. Una vez a la semana, se metía en uno de esos aparatos y, en ocasiones, pasaba la noche solo en otra ciudad europea (cosa que, al inicio, lo aterraba).

Recuerdo que, durante toda la terapia, Sergio me enviaba emails con victoriosas fotografías adjuntas. Por ejemplo «Aquí me tienes, Rafael, ¡en un atasco horroroso!». Y yo le respondía: «Así me gusta. Estás avanzando mucho». O dentro de un avión, en la cabina del piloto, bien atado con el cinturón de seguridad y con una cara de espanto entrañable.

En sólo un par de meses, gracias a su enérgico trabajo, Sergio había recuperado las ganas de vivir. Los ataques habían perdido mucha fuerza, aunque todavía le quedaba un largo trabajo para estar curado al cien por cien.

Al cabo de seis meses, ¡la vida volvía a brillar para él!: disfrutaba de la bici, de viajar y apenas tenía ansiedad. En aquel momento, valoramos su mejoría en un 90 %. Más o menos, cada quince días experimentaba un conato de ataque, pero desaparecía en unos diez minutos. Nueve meses más tarde, ya estaba al 99 %. Y ahí dejamos la terapia. El resto del camino lo pensaba recorrer solo.

La última vez que contacté con él, unos cinco años después de la terapia, me explicó:

Estoy totalmente bien, Rafael. La ansiedad es ya cosa del pasado. Casi ni me acuerdo de qué era aquello. Ahora estoy a tope. Volví a estudiar para sacarme una certificación internacional, queremos tener un hijo y... qué te puedo decir: ¡la vida es bella!

Sergio no es más que uno de los millones de casos de superación de la ansiedad que hay en el mundo. Un chico de Barcelona, normal y corriente. Pasó de tener ganas de suicidarse a disfrutar de la vida con completa salud emocional. Por supuesto, se ganó esa salud de la que ahora hace gala. De la misma forma que vas a hacerlo tú.

En este capítulo, sin más preámbulos, vamos a estudiar en detalle el método que millones de personas han seguido para reconstruir su mente: convertirse en individuos especiales, fuertes, felices, capaces de ofrecer su mejor versión al mundo, sin temor alguno.

El sistema que sigo está inspirado en el de la médica australiana Claire Weekes, que vivió entre 1903 y 1990, ¡una vida larga y fructífera! Pocas personas han hecho tanto por tanta gente. La doctora Weekes es muy conocida en el mundo anglosajón, pero, por alguna razón, nunca ha llegado al gran público en lengua española.

Como ya he comentado, Claire Weekes, una mente brillante, fue una de las primeras mujeres en ejercer la medicina en su país. De joven, tuvo la mala fortuna de padecer un trastorno de ansiedad muy agudo. Sin embargo, era una luchadora nata e intentaba por todos los medios seguir con su carrera, y lo conseguía, pero la continua ansiedad le hacía la vida muy difícil.

Hasta que, gracias a una casualidad, al hablar con un amigo, halló la primera pista de la solución final a su problema.

El amigo en cuestión, que había combatido en la Primera Guerra Mundial, cuando supo de su trastorno, le dijo:

—Claire, todo lo que te sucede (el corazón palpitante, la sensación de muerte y demás) son solamente síntomas nerviosos. Todos los experimentamos en las trincheras.

—¿En serio? ¡Es una ansiedad brutal! —aclaró Claire.

—Lo sé. Pero que sepas que todo eso es producto del miedo. Te lo provocas tú misma —aseguró él con confianza.

Aquella breve conversación estalló como una granada en el cerebro de la joven médica. Ahora lo entendía todo: los soldados experimentaban temor, sus corazones se disparaban a causa de ese miedo y, después, quedaban atados a esas sensaciones, pero sólo mientras perdurase el temor en sus mentes.

No había nada mal en el corazón de los soldados y tampoco en su sistema nervioso. Se trataba de una simple trampa mental en la que cualquiera podía caer. Lo que Claire había experimentado era el tenaz círculo vicioso entre la mente y el cuerpo. Y su amigo se lo estaba describiendo perfectamente porque lo conocía muy bien. Él mismo y decenas de sus compañeros lo habían padecido.

A partir de este descubrimiento, a sus veintidós años, Claire empezó a autoinvestigarse y a diseñar una vía de curación. Y no se detuvo ahí: como profesional, trató múltiples casos similares.

Su fama como experta en enfermedad nerviosa se extendió por todo el país. En pocos años, pacientes de todas partes viajaban para ser tratados por la doctora Weekes.

Al cabo de diez años de ejercicio como médica general, decidió dedicarse en exclusiva a la enfermedad nerviosa, y fue entonces cuando desarrolló su famoso método de cuatro pasos.

La incansable doctora Weekes trabajó hasta el final de su vida, con más de noventa años de edad, y fue pionera en la publicación de materiales de autoayuda. Su libro *Autoayuda para tus nervios* fue un best seller absoluto en todo el mundo anglosajón, especialmente en Estados Unidos, Reino Unido y Australia. También tuvieron mucho éxito sus locuciones en discos de vinilo que se expedían por correo.

Después de estudiar decenas de métodos para el tratamiento de los ataques de pánico, las obsesiones y demás, me quedo con el clásico sistema de la doctora Weekes. Sin duda, existen excelentes manuales escritos por grandes catedráticos y modernos expertos, pero Claire Weekes sigue siendo mi favorita por la elegante sencillez de su método.

LOS CUATRO PASOS

Claire Weekes abogaba por un método de cuatro pasos que, como veremos, contiene todo lo que necesitamos para superar nuestro problema. Los cuatro pasos son esenciales y es importante entenderlos lo mejor posible.

Estos cuatro mecanismos, que el lector memorizará de tanto emplearlos, son: afrontar, aceptar, flotar y dejar pasar el tiempo. Veámoslos:

Afrontar

Cuando aparezca el temor (o cualquier emoción desagradable), una palabra debe venir a la mente: «afrontar». Si es necesario, podemos llevarla escrita en una tarjetita —AFRONTAR— y sacarla en cuanto empiece la neura.

Tengamos presente que la verdadera gasolina de la ansiedad es «evitar», es decir, salir huyendo. El temor es como un perro que huele que tenemos miedo y, si echamos a correr, nos persigue cada vez más rápido.

Es natural que la mente piense en escapar del malestar. Pero esa huida se vuelve en nuestra contra y se transforma en un huracán que lo arrasa todo. Por lo tanto, la huida es el auténtico problema, lo que nos conduce a una conclusión clara: ¡Hay que dejar de evitar! Lo antes posible, de forma contundente y continua. En eso consiste afrontar.

Afrontar implica, pues, acudir, una y otra vez, a la fuente del malestar para, en poco tiempo, desactivar completamente la emoción. ¡Eliminarla para siempre! Extirparla de una vez por todas.

Si utilizamos la metáfora de la cloaca, se trata de bajar allí todos los días y exponerse al mal olor durante horas. Y, al mismo tiempo, confiar en el hecho indudable de que el cerebro eliminará el malestar y dará paso a la libertad: fortaleza y calma para disfrutar a tope de la vida.

En el caso de los ataques de pánico, la persona deberá acudir a los lugares donde es probable que le sobrevenga el malestar y, una vez allí, abrirse a la vivencia de todos sus síntomas. Al máximo. Por ejemplo, entrar en unos grandes almacenes. Dejar que el corazón se acelere, la mente se ponga frenética y lo invada un intenso sentimiento de vulnerabilidad. Sí, debemos experimentar las palpitaciones, el temor a morir, los temblores, los mareos, el pánico. Una y otra vez. Sí: ¡una y otra vez! Con la confianza de que millones de personas han pasado antes por lo mismo y han salido victoriosas.

En cuanto a los que sufren TOC, como la causa de sus temores son sus pensamientos, deberán exponerse a ellos: recrearse en las ideas que los atemorizan, experimentarlas a fondo. Por ejemplo, visualizar que se suicidan, se infectan con gérmenes letales, asesinan, violan, son poseídos por el diablo, provocan la muerte de seres queridos, atropellan a peatones por error, contraen el sida, tienen cáncer, etc.

Recordemos que las obsesiones son ideas atemorizantes (irracionales) que se quedan trabadas en bucle en la mente. La persona intenta atajarlas mediante el razonamiento o la acción, como investigar sobre la enfermedad o ponerse a limpiar, pero cuanto más trata de convencerse de que todo está bien, más la acucian la ansiedad, la duda y el dolor mental.

En el caso de la hipocondría, «afrontar» es ir a buscar, todos los días, noticias truculentas sobre enfermedades; imaginar que se padece tal o cual cáncer. En fin, experimentar lo que más se teme, una y otra vez.

Una vez que damos por concluido el ejercicio de exposición, debemos seguir con nuestra vida como si nada. Sí, retomarla en pleno estado de ansiedad, hechos un torbellino mental.

Así, todos los días, dejaremos que el niño monte su pataleta para demostrarle, de una vez por todas, que su estrategia ya no es efectiva, ya no tiene poder.

En la consulta, los psicólogos diseñamos, junto con el paciente, la estrategia afrontadora. Lo mejor es exponerse «a lo peor» desde el inicio y de la forma más intensa posible. Y, a medida que se progresa, tratar todas y cada una de las ideas y situaciones que pueden causar malestar emocional. Sin dejarse ninguna.

Una vez acabada la terapia, finalizamos el trabajo con el «compromiso de afrontamiento final», que reza así:

> Para el resto de mi vida, me comprometo a atajar cualquier idea o sensación atemorizante ¡desde el inicio! A cortarla con mi hoz, de raíz. Porque ya he comprobado qué sucede cuando dejamos que las neuras se apoderen de la mente. Ahora soy una persona nueva y aplicaré lo aprendido sin dudarlo. ¡Así, seré libre para siempre!

El «compromiso de afrontamiento final» consolida el aprendizaje. Y con él, la vida se convierte en algo maravilloso, fácil, interesante, lleno de posibilidades. Por fin, nuestro trabajo conductual nos habrá enseñado a erradicar los miedos de nuestra vida, sean grandes o pequeños.

Ejemplos de afrontamiento

- Acudir a lugares donde puede darnos un ataque de ansiedad: grandes almacenes, viajar en metro, en tren, en avión, etc.
- Provocarnos mareos o vómitos (cuando eso es lo que nos da miedo).
- Pensar durante veinte minutos en ideas que nos atemorizan; elevar esos pensamientos al máximo nivel de ansiedad posible. Imaginar lo peor.
- Palparse el cuerpo en busca de tumores (en caso de hipocondría).

- Buscar información alarmante en internet sobre enfermedades graves (para los hipocondríacos).
- Ponerse rojo a propósito delante de la gente y pasar vergüenza.
- Hablar con el máximo número de personas a diario (para los tímidos).

Aceptar

Para muchos, éste es el paso más importante. Lo esencial. Con «aceptar» queremos decir abrirse íntegramente a todo lo que estamos sintiendo cuando nos encontramos fatal. Y hacerlo de un modo pasivo, como corderillos que llevan al matadero.

Hasta que no se produce este tipo de aceptación profunda no se está en el camino correcto.

La aceptación total implica:

- Dejar de luchar.
- Dejar de huir.
- Abandonarse.
- Vivir con total normalidad.
- No pensar en el asunto.
- Acomodarse a la situación.
- No querer que pase rápido.

Atención: no nos aceleremos. Leamos de nuevo la lista anterior. Saboreemos cada concepto.

- Dejar de luchar.
- Dejar de huir.

- Abandonarse.
- Vivir con total normalidad.
- No pensar en el asunto.
- Acomodarse a la situación.
- No querer que pase rápido.

«Aceptar» es algo parecido a lo que le ha sucedido a algún alpinista perdido en la montaña de noche, rodeado de nieve, sin refugio ni comida. Tras horas de lucha por su supervivencia, simplemente, se acuesta en el suelo y ya está: acepta la muerte tranquilo. Ahí llega la profunda aceptación.

Recuerdo una conversación que tuve con una paciente sobre este paso fundamental. Se llamaba Leire, una joven de veinticinco años con ataques de ansiedad.

—Has de desarrollar una aceptación aún más profunda. Cuando alcances la aceptación total, te sorprenderás porque empezarás a estar cómoda ahí, en medio de la ansiedad —le dije.

—Pero, Rafael, ¿cómo voy a estar cómoda con un ataque de pánico? La cabeza me va a mil, no puedo quedarme quieta y la ansiedad me come por dentro —replicó Leire.

—Te prometo que es posible. Y lo conseguirás. Pero tienes que aceptar todo lo que sientes. Deja de luchar, deja de querer apartarlo. Y, entonces, de manera automática y repentina, te fijarás en el azul del cielo, en cierta música, en una brisa fresca, y sentirás cierta comodidad —concluí.

Otra paciente, que presentaba una hipocondría muy fuerte, un buen día aprendió a «aceptar totalmente». Me lo explicaba de la siguiente forma:

Anteayer hice los ejercicios de exposición que me indicaste. Me puse a pensar en enfermedades macabras durante una hora. A las seis de la tarde estaba literalmente enferma de ansiedad. Tenía mucho miedo y me dolía el pecho. La cabeza me iba a mil. No me podía concentrar en nada. Aun así, decidí pasar el resto de la tarde leyendo; tengo una lista muy larga de libros del club de lectura al que pertenezco. Me senté frente a uno y empecé a leer, pero no podía prestar atención a lo que había allí escrito. Era tal la ansiedad que era incapaz de centrar el intelecto en nada. ¿Y qué hice? Iniciar una y otra vez la lectura, el mismo párrafo.

Después de tres lecturas consecutivas de ese párrafo, logré captar algo. Me puse con el siguiente. Tampoco me podía concentrar, pero hice lo mismo: volver a leerlo. Y así todo el rato.

No te lo creerás, Rafael, pero al cabo de cuarenta y cinco minutos me sorprendí disfrutando del libro. ¡Seguía fluidamente la trama y me gustaba! Estaba todavía nerviosa, pero algo había cambiado. El malestar ya no ocupaba toda mi mente, sólo una parte. ¡Estaba cómoda en el malestar! Y continué así hasta la hora de cenar. Cuando me metí en la cama, ya estaba del todo relajada y el miedo había desaparecido por completo.

Esta descripción de «aceptar» es magnífica. La paciente se había relajado dentro del torbellino. Y eso sucedió porque se puso a hacer otra cosa, y punto, aceptando totalmente que en ese momento —y durante unos meses— ésa iba a ser su vida. Y la aceptaba.

«Aceptar totalmente» es la clave para dominar el mundo emocional. La auténtica fortaleza —la transformación radical— llega cuando somos capaces de hacer lo contrario a lo de siempre: no salir huyendo del malestar, sino introducirnos en él como si de una piscina de agua caliente se tratase. Y aprender a estar allí sin movernos durante mucho tiempo. Tanto que nuestra mente ya no experimente miedo. En ese preciso instante tiene lugar la aceptación, y aparece una sensación única de paz y dominio.

Buscar la comodidad en el malestar es antiinstintivo, ya que todo nuestro sistema está diseñado para que huyamos del dolor, como cuando nos quemamos y el cerebro nos manda retirar la mano del fuego de forma automática. La mente no quiere oír hablar de permanecer en el peligro.

En la gran mayoría de las situaciones que se presentan en la vida, la huida es natural y beneficiosa, salvo cuando hemos caído en un trastorno emocional como los descritos en este libro. En estos casos, la solución es lo contrario: aceptar completamente. Como miles de personas han descubierto, ahí está la libertad, el dominio y el goce de la vida.

Sinónimos de «aceptar»

- Rendirse.
- Abandonarse.
- No pensar; sólo estar.
- Estar dispuesto a morir.
- No hacer nada.
- Abrirse completamente al malestar.
- Tirarse a la piscina del malestar.
- Relajarse dentro del malestar.
- Acomodarse dentro del dolor.

Flotar

Este paso es un poco enigmático para los no avanzados en la terapia de exposición. No obstante, una vez metidos en faena, con la práctica, lograremos comprenderlo y se convertirá en un aliado muy útil.

Flotar significa:

- No agitar las aguas.
- Relajarse.
- Ralentizar.
- Ir poco a poco, pero con determinación.

Lo contrario de flotar es luchar, apretar los dientes para que el malestar pase de inmediato. Estas prisas —digamos que agresivas— no nos interesan, porque la lucha provoca que el malestar reverbere, que aumenta.

El símil del practicante de taichí puede ayudarnos a entender qué es flotar.

Hace un tiempo leí que existen competiciones mundiales de taichí. Esto es, se reúnen varios aspirantes y unos jueces puntúan su actuación, como sucede en las competiciones de gimnasia.

Curiosamente, una de las variables que se evalúa es la calidad de la respiración. Los jueces pasan la mano por debajo de la nariz de cada competidor para comprobar cómo respira. Lo ideal es una respiración lenta y suave aunque profunda. Tanto es así que se dice que el mejor practicante de taichí «respira sin que se le muevan los pelillos de la nariz». Pues bien, la delicadeza del taichí nos acerca al significado de «flotar»: aceptar la ansiedad con total calma, sin agitarse, preparados para estar muchísimo tiempo en ese estado.

Antes, en el apartado sobre la aceptación, hemos descrito a la paciente que leía libros como instrumento para aceptar la ansiedad con calma. Leyendo, permanecía tranquila delante de los textos, dejando pasar el tiempo, confiando en que estaba haciendo lo correcto. No luchaba. No se agitaba. Poco a poco, leía, dejaba que la ansiedad hipocondríaca la invadiese y sanaba.

Flotar también significa eso: llevar a cabo algo sin exigirse mucho.

Cuando una emoción negativa invade nuestra mente, no estamos en la mejor forma mental y, como es obvio, no podemos rendir como de costumbre. No pasa nada. Lo mejor es no exigirse demasiado, salvo estar presentes, en contacto con la emoción negativa, mientras hacemos algo útil que nos permita pasar el tiempo.

Otro significado de «flotar» implica aprender que somos capaces de realizar cualquier tarea aunque estemos paralizados por el miedo. Es decir, sin fuerzas. En momentos de máxima tensión, lo normal es pensar: «No tengo fuerzas; me es imposible salir de casa». Entonces, podemos imaginarnos flotando como un fantasma y salir así, con delicadeza. Pronto comprobaremos, invariablemente, que sí podemos hacerlo.

Flotar también significa ralentizar. Cuando sufrimos un ataque de ansiedad, sentimos agitación y tendemos a hacer las cosas deprisa. Sin embargo, lo mejor es hacer todo lo contrario: ralentizar cualquier acción. Podemos imaginarnos como practicantes de taichí en todo lo que hacemos. Ese ralentizar es muy importante por dos razones: porque lanzamos a nuestra mente el mensaje de que no pasa nada, de que no hay ningún peligro, ninguna razón para correr; y porque nos relajamos en la medida de lo posible.

Dejar pasar el tiempo

Este último paso es también esencial para realizar una buena terapia de exposición. Conlleva aceptar que no vamos a curarnos de la noche a la mañana, que vamos a necesitar toneladas de paciencia y determinación.

Dejar pasar el tiempo también implica ponerse cómodo y aceptar completamente los síntomas y toda la situación.

Cada vez que a nuestra mente le entran las prisas, se aleja de la aceptación profunda y, desde esa posición, la magia no tiene lugar.

Recuerdo el diálogo que tuve con Pedro, un paciente de treinta y ocho años, bombero de profesión, que tenía fuertes ataques de pánico. Hablamos precisamente de este paso:

—Te voy a preguntar algo, Pedro, ¿que pensarías si te dijese que la solución a tus ataques podría requerir un año de terapia?

—¡¿Me dices que tardaré todo un año en quitarme esta ansiedad?! —replicó un poco alterado.

—No lo sabemos. Puede ser menos. Pero, ahora, hazme el favor de imaginar que tardas un año entero en curarte. Que, hasta este mismo día, del mismo mes, pero del año que viene, no lograrás disfrutar de la vida porque estarás experimentando los síntomas a tope todos los días.

—Ufff, no sé... ¿Todos los días así durante un año? —respondió azorado.

—Visualízalo, por favor. Sería como pasar un año recluido en la cárcel. Pero, insisto, imagina también que el año que viene, por las mismas fechas, estás curado. Que has renacido. Que vuelves a la vida renovado, como una persona nueva. ¿Aceptarías el reto?

Pedro se quedó pensando unos segundos y, de repente, levantó la mirada, la clavó en mis ojos y dijo:

—¡Claro que sí! ¡Adelante! Si al cabo de un año estaría totalmente curado, firmaría ahora mismo.

A este ejercicio lo llamo «la mentalización del año» y su función es la de situarnos en una posición tranquila, de largo recorrido, sin prisas, sin lucha, con plena aceptación. En pocas palabras, de dejar pasar el tiempo.

No hay mejor manera de desarrollar la aceptación total que imaginarse a uno mismo realizando durante todo un año este esfuerzo terapéutico, exponiéndose constantemente.

Es evidente que la aceptación total implica no tener prisa. Querer acelerar el proceso es no aceptar, es seguir temiendo al malestar.

También es cierto que muchos casos complicados de ataques de ansiedad y trastorno obsesivo tardan un año en llegar a la curación total, o más. Así que la expectativa de un año de trabajo personal es una estrategia realista y empoderadora.

Por mi experiencia clínica sé que los tratamientos muy largos (más de un año) son debidos a que la persona tarda mucho en afinar su técnica de afrontamiento porque no acaba de exponerse con la fuerza necesaria hasta pasados unos cuantos meses. Si lo hiciera mejor desde el inicio, sin duda estaríamos hablando de terapias de poco tiempo de duración.

De todas formas, como he dicho, la estrategia de «la men-

talización del año», esto es, estar dispuesto a sufrir la ansiedad todo este tiempo, nos da la perspectiva necesaria para
aceptar profundamente y, en consecuencia, dejar pasar el
tiempo.

Es muy importante no impacientarse porque la aceptación total requiere justo lo contrario: no necesitar que el problema desaparezca de inmediato, estar cómodo con él. Y eso
requiere tiempo de exposición.

En este capítulo hemos aprendido que:

- Los cuatro pasos de curación de los trastornos emocionales son: afrontar, aceptar, flotar y dejar pasar el
tiempo.
- Cientos de miles de personas han aprendido a dominar estos cuatro pasos antes que tú. Confía en ellos.
- Los cuatro pasos nos permiten perder el miedo al miedo. Ése es el objetivo final. Cuanto antes empecemos,
antes los dominaremos y llegará la liberación.

7

Síntomas extraños

> Nuestro crecimiento personal lo hacemos no
> sólo por nosotros mismos, sino también por
> nuestros compañeros, nuestros hijos y nuestros
> jefes; se trata de resolver todo el dilema humano.
>
> PEMA CHÖDRÖN

Juan vino a verme a la consulta por un problema de faldas. Había sido infiel a su mujer y ella le había pescado. Muchas veces.

Este exitoso empresario de cincuenta y cinco años se daba cuenta de que tenía que superar su adicción al sexo si quería salvar su matrimonio. Su vida iba genial. La empresa, viento en popa. Amaba a su mujer. Y tenía dos hijos ya mayores de los que se sentía muy orgulloso.

Al margen del problema con el sexo, Juan era lo que se llama «un ganador», la personificación del éxito y la energía. Era bien parecido, alto y fuerte. Vestía a la moda con ropa cara que sabía combinar. Y, sobre todo, tenía un gran don de gentes. Era muy simpático y agradable. Además, le encantaba la buena vida: comer en los mejores restaurantes, tomar el sol, hacer negocios, tratar bien a sus amigos y disfrutar de cada día.

Así que allí estábamos aprendiendo técnicas de autocontrol, hasta que, en una de las sesiones, salió, por casualidad, el tema del trastorno de ataques de ansiedad. No recuerdo porqué, le describí algunos casos análogos. Y, de repente, me dijo:

—*¡Yo he pasado por eso mismo, Rafael!*
—*¿Ah, sí? ¿Cuándo?* —*pregunté con curiosidad.*
—*Hace más de... ¡treinta años! Debía de tener veinte y trabajaba en la empresa de mi padre. Y, no sé por qué, me empezaron a dar esos horrorosos ataques de nervios, sobre todo cuando estaba en una reunión* —*dijo muy expresivo al recordar todo aquello.*
—*¿Y te afectaron mucho?*
—*¡Llegué a estar totalmente desesperado! Hasta se me pasó por la cabeza suicidarme. ¡Te lo juro! Aquello me tenía acojonado. Estaba todos los días fatal.*
—*Pero veo que ya lo has superado. ¿Cómo lo hiciste?*
—*¡Pues con dos huevos, Rafael! De alguna forma, llegué a la conclusión de que tenía que quitarme el miedo de encima a base de enfrentarme a él* —*contestó.*

Juan es uno de esos casos que logran resolver el problema por sí mismos, sin orientación externa. Intuyen la solución y se lanzan a por ella con toda la determinación del mundo. He conocido a muchas personas así. Y me quito el sombrero ante ellas.

La conversación siguió así:

—*¿Y ahora cómo estás respecto a eso, Juan?*
—*Perfecto. De hecho, ¡nunca lo recuerdo! Ahora, al men-*

cionarlo tú, me ha venido a la cabeza. Aquello desapareció a los veintipocos y nunca más he vuelto a sentirlo. Y te digo una cosa: si viniese de nuevo, tampoco me daría miedo porque sabría cómo atajarlo —concluyó riendo.

Juan es un ejemplo más de que, una vez curados estos trastornos, nuestro sistema nervioso queda como nuevo, perfectamente dispuesto para una vida gozosa y en forma.

Como decía antes, Juan, en la actualidad, es un empresario exitoso, que disfruta de su trabajo y transmite una vitalidad enorme. Es un ejemplo de fortaleza para todos los que le rodean.

Juan aplicó de manera intuitiva los cuatro pasos y su mente se regeneró por completo. ¿Por qué no íbamos a hacerlo nosotros exactamente igual?

Los trastornos emocionales que tratamos en este libro —la ansiedad, las obsesiones, la hipocondría y demás— son problemas misteriosos.

En los casos de ataques de pánico, por ejemplo, la persona se siente del todo confundida y abrumada por lo que le sucede. Antes era una persona capaz, alegre, despreocupada, «disfrutona» de la vida, y ahora, sin embargo, está siempre asustada. La invaden temores de todo tipo, pequeñeces que nunca la habían preocupado. «¿Qué narices me está pasando?», se pregunta.

Lo más natural es pensar que el responsable de este descalabro es un desequilibrio químico en el cerebro, algún tipo de deficiencia hormonal. Lo parece. Pero no es así.

Si analizamos cientos de casos paso a paso, veremos que
es una cuestión de autosensibilización. Es decir, la persona va
construyendo muy gradualmente —durante meses o años—,
a partir de una primera sensación que la asusta, un tremendo
fantasma llamado «temor», gracias a la gasolina de la evitación.

Además de los ataques de ansiedad, ya de por sí una pesadilla, al final esa persona se instala sin darse cuenta en un estado de inseguridad permanente, ese no saber, en cualquier
momento, si estará bien o mal: «¿Me sentiré bien hoy?»,
«¿No me agobiaré si cambia la situación?».

Hay veces que, gracias a la distracción del fin de semana o
a un viaje, o a que se tiene un buen día, uno se siente estupendamente bien. «¡Como antes!», piensa, porque está alegre y
dispuesto a todo. Y entonces cree que la pesadilla ya ha pasado.

Sin embargo, al cabo de uno o dos días, ¡patapam!, vuelve el ataque y le deja de nuevo en la línea de salida, o incluso
varios pasos más atrás. «¡Dios mío! Pero ¿qué es esta maldición?», se pregunta.

Y, por supuesto, no ayuda nada el hecho de que la gente
que lo rodea tampoco comprenda qué diablos le sucede a su
ser querido, ni siquiera la mayoría de los médicos.

Pese a todo, es importante darse cuenta desde el inicio de
que:

a) Se trata de una trampa mental que, antes que a nosotros, ha atacado a millones de personas en todo el
mundo. No estamos solos. En este momento, un 20 %
de la población (una de cada cinco personas) sufre alguno de los problemas que describimos aquí.

b) No hay que perder el tiempo intentando averiguar por qué hemos caído en ese pozo, sino concentrarse en cómo vamos a salir: todavía más reforzados, fuertes y seguros.

c) Por muy extrañas que sean las sensaciones, por muy desagradables que sean las emociones y confusa la situación, se trata siempre de lo mismo: ansiedad, síntomas de una mente desbocada; nada especial.

Por lo tanto, en el preciso instante en que asome un síntoma, podemos decirnos:

a) «No me voy a asustar. Conozco todo esto y tengo que perder el miedo».

b) «Ahora toca: afrontar, aceptar, flotar y dejar pasar el tiempo».

La ansiedad y las obsesiones pueden producir síntomas muy llamativos. Vamos a describir muy sucintamente dos, para aprender que no hay que asustarse cuando aparecen, pues no hay nada que temer. Pueden ser sorprendentes, cierto, pero recordemos que sólo son pataletas de un niño malcriado.

La despersonalización y la desrealización

Alrededor de un 30 % de las personas que tienen ataques de pánico experimentan también estos dos extraños síntomas: la despersonalización y la desrealización.

La **despersonalización** es la sensación de estar separado de los propios pensamientos o del cuerpo, como si fuéramos un observador externo. Es algo parecido a esas historias en las que el alma se separa del cuerpo y la persona se ve desde fuera.

La **desrealización** es un síntoma similar. Es la sensación de que no somos nosotros los que estamos hablando, moviéndonos, comiendo, etc., sino que lo hace otra persona. Es una sensación de extrañeza respecto a uno mismo. No nos vemos desde fuera, pero no nos parece que seamos auténticamente nosotros.

Es decir, la despersonalización es sentirse como desde fuera; y la desrealización, que no somos nosotros mismos.

Parece mucha cosa —es muy espectacular—, pero, a fin de cuentas, todo esto es producto de la ansiedad y no implica ningún peligro, de modo que no hay por qué preocuparse. Son síntomas característicos de los ataques de pánico y a nadie le ha sucedido jamás nada por sentirlos. Nadie se ha vuelto loco ni ha tenido la más mínima secuela. ¡No es nada!

Siguiendo el símil del niño que tiene pataletas, no nos vamos a asustar por niñerías. Los niños maleducados son capaces de recurrir a alardes espectaculares, pero un educador experimentado no se deja impresionar por tales exhibiciones: simplemente no negocia ante ningún tipo de chantaje. Nunca. Por principios.

Otro síntoma que puede sorprender es sentir corrientes eléctricas en la cabeza, como si recibiéramos de golpe una fuerte descarga y ésta recorriera el cerebro durante unos segundos.

Cuando ocurre, la persona tiene que agarrarse a los muebles para evitar caer, mientras se pregunta qué diablos está sucediendo. De nuevo, no hay de qué preocuparse. Son sensaciones inventadas por la mente que no tienen ninguna trascendencia.

Podría seguir describiendo síntomas extraños hasta llenar varios libros, pero lo esencial es que, en estos cuadros clínicos, nada es relevante: vamos a acabar con todos de manera definitiva y radical con nuestro método de los cuatro pasos.

Algunos síntomas típicos de la ansiedad

- Dolor agudo en el pecho
- Taquicardia
- Tensión arterial alta
- Temblores
- Mareos, vértigos
- Náuseas
- Hormigueos
- Frío o calor inusitados
- Dolor de barriga
- Presión en la cabeza
- Contracturas en la espalda
- Pérdida del apetito
- Insomnio
- Ahogo

Los trastornos emocionales pueden ser una tortura, agotarnos y quitarnos las ganas de vivir, pero la buena noticia es que, como vinieron, también se irán, si llevamos a cabo una autoterapia completa. Y esta vez se irán para siempre. Lo que quedará es un amor inmenso por la vida, una sensación de seguridad y armonía apabullantes.

En infinidad de ocasiones he oído las siguientes palabras de boca de un paciente totalmente recuperado:

—Rafael, ¡ha sido como un milagro!

—Un milagro que te has ganado a pulso, ¿no?

—Sí, desde luego. Apliqué los cuatro pasos a tope y fue muy duro. Pero con «milagro» me refiero a que, cuando los síntomas desaparecen, es alucinante porque te quedas como nuevo, como si nunca los hubieses tenido. Es hasta extraño, como milagroso, vamos.

Éste es el efecto que siente la persona cuando ha completado el trabajo: curación limpia y total. Es como tener un corte en la mano, aplicarse una pomada milagrosa y que no quede rastro del tajo. Ni siquiera cicatriz: donde antes había sangre y tejido dañado, ahora vemos la piel tersa, limpia, perfecta. De ahí la sorpresa de sentirse tan bien, como renacidos.

Por lo tanto, preparémonos para afrontar, aceptar, flotar y dejar pasar el tiempo con ese objetivo en mente: recuperar una salud emocional nueva, completa, perfecta. ¿Qué aventura vital hay mejor que forjarse a uno mismo?

HACER LO OPUESTO

Muchas veces, cuando estamos llevando a cabo el trabajo de exposición, surge la duda de cómo realizarlo, en el sentido de cómo exponerse adecuadamente.

Por ejemplo, una paciente hipocondríaca llamada Inma me explicaba que sentía miedo al tragar porque le daba la sensación de que tenía un bulto horroroso en la garganta. Había ido al médico y éste le había dicho que no veía nada, pero, aun así, la sensación al tragar saliva la llenaba de ansiedad. «¿Y si, pese a lo que ha dicho el médico, es un tumor?», se repetía.

Inma y yo llevábamos ya unos meses trabajando. Había mejorado mucho, pero experimentaba una recaída. La hipocondría dominaba de nuevo su mente, por lo que hacía caso omiso a toda lógica y exigía una seguridad absoluta de que no tenía nada. La ansiedad la invadía noche y día y, cada vez que tragaba, notaba aquel bulto imaginario y le daba un vuelco el corazón.

Aquel día, en terapia, le dije:

—Inma, tienes que hacer ejercicios de exposición a diario, directamente relacionados con ese temor. Dime, ¿cómo lo harías?

—A ver, yo creo que pensando en que tengo un tumor y me muero de cáncer. Es eso, ¿verdad? —preguntó.

—Eso es. ¿Lo has probado ya esta semana?

—Sí.

—¿Y te ha generado ansiedad?

—Sí, pero no tanto como en otras ocasiones.

—Pues añadamos otro ejercicio de exposición que te lleve más al límite, que te permita abrazar ese temor completamente. ¿Se te ocurre algo?

—Ufff, no sé cómo —contestó desorientada.

—Ya que esa sensación al tragar te pone tan mal, usemos ese detonante. Vamos a provocar ansiedad a tope, tragando y tragando todo el rato —concluí.

De modo que diseñamos una exposición que consistía en

tragar saliva durante todo el día. Para ello, Inma, compró chicles de diferentes marcas para dar con los que la hacían salivar más. Así, mascando todo el día, salivaría mucho y tragaría continuamente.

A la semana siguiente me habló de su experiencia.

—Fue increíble, Rafael. Sólo tardé unas horas en tranquilizarme. Durante la primera media hora de mascar, salivar y tragar, me puse supernerviosa. Estaba como loca; creía que me iba a dar algo... Pero al cabo de una media hora, de repente, me relajé. Seguí tragando todo el día, pero ya no me producía ansiedad. Noté un poco el bulto unas cuantas horas, pero mucho menos. Y a la hora de comer, nada de nada. Tragaba con normalidad y no sentía que hubiera nada raro en la garganta.

—¿Y la neura del cáncer? —pregunté.

—Desapareció también. Ahora, por ejemplo, si me haces pensar en un cáncer de garganta, lo veo como algo muy lejano e improbable, y tampoco me da miedo la idea de tenerlo. Si algún día sucede, ya veré cómo lidio con ello, pero ahora no me atemoriza —concluyó.

La experiencia de superación de aquella recaída fue muy importante para la curación definitiva de Inma. Supuso un punto de inflexión porque, aunque todavía tuvo pequeñas recaídas, ya no volvió a sentir ni un 5 % del temor hipocondríaco. En ningún caso.

Pero lo que nos interesa más de esta experiencia de Inma es cómo diseñamos su exposición. Porque la exposición implica hacer todo lo contrario de lo que «me apetece» hacer. Es decir, ir en sentido contrario a la protección, a la evitación. O lo que es lo mismo: hacer justo lo opuesto a lo que me pide el cuerpo (y la mente).

A la hora de diseñar la exposición, podemos preguntarnos: «¿Qué es lo que me da más miedo, lo que me provoca más rechazo, más tristeza? ¿Qué es lo que me sienta peor?». ¡Y hacer justamente eso!

Tengamos confianza en los millones de personas que lo han hecho antes con éxito. No es ninguna locura. ¡Es el camino hacia la curación!

Y recordemos que nuestro objetivo es alcanzar un nivel de fortaleza emocional total, ¡sin ni una sola emoción negativa alterada! Estar genial todo el tiempo, como las personas más alegres, positivas y con la mente mejor amueblada del mundo. ¡Podemos hacerlo! Aunque ahora no lo imaginemos y parezca imposible, el milagro conductual es así.

Por lo tanto, hagamos lo opuesto:

- Si me da miedo estar solo, quedarme completamente solo varios días seguidos.
- Si tengo miedo a hablar en público, organizarme charlas diarias o seguir a diario un curso de teatro.
- Si tengo miedo a estar inactivo, quedarme sin hacer nada durante todo el día, todos los días.
- Si me da miedo ver noticias de enfermedades, leer noticias de enfermedades letales en internet a diario, al menos durante una hora.

La idea de hacer lo opuesto es sumergirse en la ansiedad, la tristeza, los nervios, la vergüenza o cualquier emoción negativa para quitarle todo su poder de forma definitiva y completa. Aunque nos parezca imposible. Ésa es la manera de eliminar las emociones exageradas. Mantengamos la fe y descubriremos algo sorprendente y maravilloso: la vía más directa de liberarse y alcanzar la más alta potencialidad humana.

En este capítulo hemos aprendido que:

- El TOC y los ataques de pánico no son un desequilibrio; son una sensibilización a unos síntomas que nos dan miedo.
- El estado que generan puede confundir mucho y percibirse como una maldición.
- No hay que pensar por qué pasa, sino actuar para liberarse.
- Pueden darse infinitos síntomas: dolores, mareos y sensaciones raras como la despersonalización. No dejemos que nos asusten. A fin de cuentas, son pataletas.
- Tengamos confianza. Cuando uno se cura, parece un milagro: se queda como nuevo, como si nunca hubiese tenido nada.
- «Hacer lo opuesto» consiste en sumergirse en la ansiedad dirigiéndose hacia lo que da miedo o propicia el malestar: la dirección contraria a donde desearíamos ir.

8

La fe

Tenemos que disolver nuestra tendencia habitual a luchar contra lo que nos ocurre. Se nos
instruye a avanzar hacia las dificultades en lugar de retirarnos. No solemos recibir este tipo
de ánimos muy a menudo.

PEMA CHÖDRÖN

Vanessa es una gaditana de cuarenta y cuatro años, alegre y
extrovertida. Tiene el pelo corto y negro que enmarca una
gran sonrisa permanente. Se nota que es una mujer enérgica,
con esa energía positiva que la convierte en el centro neurál-
gico de su entorno: el centro cariñoso a cuyo alrededor giran
su familia y sus amigos.

Nadie lo diría, pero detrás de esa positividad desbordante
hay un pasado de mucho sufrimiento, «un auténtico infierno», como lo llama ella, porque durante décadas estuvo batallando contra un TOC muy duro que, al final, le hizo temer
por su salud mental y hasta por su vida.

Desde joven, trabajó intensamente con terapias (inade-
cuadas) y probó con psicofármacos, pero el trastorno no cedía. De hecho, empeoró, hasta que tuvo la suerte de encontrar la llave de su transformación, justo cuando sentía que ya

no podía más. Desde que se puso a trabajar en ello, tardó un año en ponerse bien.

Vanessa no hizo terapia conmigo, sino con otro terapeuta cognitivo-conductual de su ciudad, pero la conocí porque se ofreció a explicar en mis redes sociales su experiencia de superación. Luego redactó este pequeño relato a modo de testimonio. Se lo agradezco mucho porque hay que ser generoso para exponerse así.

¿Desde cuándo he estado viviendo con el TOC? Creo que toda mi vida. Desde bien pequeña, con ocho o nueve años, ya me asustaba enfermar y me obsesionaba la idea de poder morir.

Recuerdo que, cuando yo tenía dieciséis años, un amigo mío murió repentinamente, y fue entonces cuando experimenté por primera vez una gran angustia.

En ese momento, mi madre me llevó al médico. Yo tenía la esperanza de que aquel hombre me arreglaría, pero me llevé un chasco tremendo. No me mandó hacer terapia ni me recetó nada. Sólo me dijo que lo que me pasaba era cosa de nervios.

La verdad es que, en aquella ocasión, no sé cómo lo superé. Creo que lo vencí sola, quizá por la edad, porque me centré en divertirme y en estudiar... Aun así, recuerdo que tuve días muy malos, aunque nada que ver con lo que experimentaría más adelante.

Mi auténtico infierno empezó cuando nació mi hijo mayor, Emilio, en el año 2009.

Tuve depresión posparto. Y aún recuerdo el primer pensamiento intrusivo que tuve con él. Yo estaba cocinando mientras él jugaba en su trona detrás de mí y, de repente, se me apareció una imagen horrible: me volvía y le lanzaba el cuchillo, que se clavaba en su pechito hasta el fondo. ¡Dios, qué vuelco me dio el corazón!

Ahí comenzaron las cavilaciones y las compulsiones, hasta sentir que me estaba volviendo loca. Así que acudí al psicólogo y al psiquiatra, que me recetó antidepresivos.

Siempre tuve el apoyo de mi familia —sobre todo de mi marido— y eso me salvó literalmente la vida. En estos casos, es primordial sentirse arropada y comprendida.

Tuve períodos mejores y peores —algunos fatales—, pero lo sobrellevaba corriendo al psiquiatra para que me recetase fármacos o centrándome en el trabajo. La gente que me rodeaba me ayudaba a mitigar el sufrimiento, pero no a sanar ni a enseñarme lo que después aprendí.

Cuando pensaba que estaba mejorando un poco, me quedé embarazada de mi hija pequeña, Andrea, y, ¡horror!, volví a tener depresión posparto. Fue un mazazo tremendo porque ahora, a mi otra hija, se sumaba otro frente TOC. Así que entré en un bucle de culpabilidad y angustia de primer nivel: literalmente, no me dejaba vivir.

Un día, una chica que cantaba conmigo en una coral me dijo que me leyera un libro que la había ayudado mucho. Ella también había tenido TOC. Después de leerlo, tomar apuntes y desgranarlo muy bien, hablé con mi psiquiatra y le pedí ver a un psicólogo especializado en terapia cognitiva-conductual.

Y al poco tiempo empecé con Nacho: registro de pensamientos y compulsiones; aceptación de la ansiedad y los pensamientos, y enfoque en el momento presente.

Las tareas eran tremendas, como hacer una redacción exacta de cómo mataría a mis dos hijos. Se me partía el corazón al hacerlo. Y después tenía que leerla cada día. No sé ni cómo fui capaz. Y para rematarlo, antes de dormirme, visualizar todo eso. A veces, era tan doloroso que terminaba extenuada, fuera de combate.

Tuve muchas recaídas, pero ahora entiendo que se debieron a que, en realidad, no aceptaba completamente esos pensamientos. Esas recaídas fueron muy duras, pero me mantuve fiel a la terapia. Me levanté cada vez que caí.

Creo que mi curación empezó cuando al fin acepté que esos pensamientos —u otros— a lo mejor me acompañarían toda la vida y debía aceptarlos TOTALMENTE.

Y hoy sí puedo decir que estoy curada.

Los pensamientos aparecen de vez en cuando, pero ya no tienen nada que hacer puesto que me río y no lucho contra ellos porque «yo no soy mis pensamientos». Mis pensamientos son algo fugaz que cada día se desvanece más rápido.

La terapia cognitiva me ha enseñado también que hay que vivir el momento presente, en el aquí y ahora, porque es donde exactamente todo está bien.

A día de hoy sigo en mi camino de aceptación de las cosas que llegan a mi vida, y vivo el presente y todo lo que me enseña.

Me siento tan feliz con mi curación que estoy decidida a continuar con mi transformación personal; esta vez, para ser mejor persona, disfrutar más de la vida, amar mejor a los demás. ¡La vida es maravillosa!

Los conceptos que vamos a ver a continuación son pilares esenciales que deben sustentar toda la autoterapia.

El primero se podría denominar «tener fe en el sistema». Vamos a ver en qué consiste con un ejemplo.

Isabel era una joven de dieciocho años de edad que justo había empezado sus estudios de Medicina. Era una persona extraordinaria: honrada, alegre y llena de hermosos proyectos de vida. Era católica y tenía una espiritualidad muy bella. Además, era muy madura para su edad. De hecho, manteníamos hermosas conversaciones de tú a tú. En fin, era una delicia de persona que me alegraba el día cada vez que la veía.

El problema que la trajo a mi consulta fue que, al poco de iniciar la universidad, le sobrevino un trastorno obsesivo. Continuamente, se apoderaba de su mente una idea amenazadora que no conseguía alejar de ninguna forma. El pensamiento/amenaza la perseguía y asustaba.

Como es habitual en esos casos, podía estar el 80 % de la jornada dale que te pego con la preocupación. La idea torturante era: «¿Y si no soy capaz de sacarme los estudios?».

Sé que a la mayoría de la gente le parecerá una amenaza muy rara, que no tiene sentido estar todo el día ansioso por los exámenes, que si uno no aprueba, pues ya se verá. No es el fin del mundo.

Sin embargo, por alguna razón, en las personas con TOC, la duda en cuestión se convierte en algo intolerable porque les parece que, si no la resuelven, la situación será completamente desastrosa, ruinosa.

Para Isabel, suspender los exámenes era trágico y la menor posibilidad de que sucediese la llenaba de ansiedad, por lo que, cuando se ponía a estudiar, entraba en crisis. Intentaba concentrarse, pero una voz interior la amenazaba:

—¿Y si no retienes la materia? Es posible que te pases todo el día aquí y no se te quede nada. ¿Y si sucede eso todos los días? Entonces no aprobarás nada.

E Isabel intentaba razonar y apartar esa idea de su mente contestándose:

—¡Me he sacado el bachillerato con matrícula de honor en todo! ¡Claro que sé estudiar! Y si no me va tan bien Medicina, no pasa nada. Venga, basta de pensar en tonterías y a estudiar, que estoy perdiendo todo el día en estupideces.

Pero, al cabo de tres minutos, volvía la voz de la duda:

—Si es que, fíjate, ahora no estás pillando nada. ¡Y eso es un suspenso! ¡Qué desastre! ¿Y si no eres capaz de estudiar nada nunca más?

Y, una vez más, muy ansiosa, Isabel intentaba acallar la voz:

—¡Vale ya! La única razón de que no pueda estudiar eres tú, idea estúpida. ¡Para ya!

—Pero si yo no puedo parar, ya lo ves. Y por eso mismo no vas a aprobar nada —decía la voz.

Isabel estaba la mayor parte del día enfrascada en este diálogo incesante, que se convertía en un bucle. Y, claro, apenas estudiaba. Tenía la cabeza inmersa en ese absurdo debate y no podía salir a flote.

La voz no provenía del exterior, como en el caso de la esquizofrenia, sino que eran sus pensamientos normales, esos que todos tenemos cuando nos preocupa algo. La diferencia es que Isabel no podía resolverlos ni olvidarse de ellos. Sabía que era todo muy irracional, pero entraba en barrena aunque no quisiera y la ansiedad constante terminaba por agotarla.

Enseguida nos pusimos a trabajar. Tras estudiar los detalles de los cuatro pasos, empezó a exponerse (afrontar). Básicamente, tenía que dedicar diez minutos a pensar de forma voluntaria en que no iba a sacarse los exámenes, y visualizar el desastre: que la expulsaban de la universidad y luego la echaban de otras facultades, hasta acabar como temporera recogiendo fruta para el resto de su vida.

Pasados los diez minutos de exposición, debía ponerse a estudiar, aunque la invadiese una tremenda sensación de ansiedad y abatimiento. Cada hora, debía dedicar diez minutos al mismo ejercicio y vuelta a estudiar.

Lo fundamental de la terapia era:

- Estudiar con abatimiento.
- Estudiar con ansiedad.
- Estudiar con la duda.

Y seguir adelante, una y otra vez. Practicar y practicar: exponerse, aceptar, flotar y dejar pasar el tiempo. Debía exponerse a sus pensamientos —y a las emociones asociadas— y no hacer nada para reducirlos. Sí, tal como suena: no darse ánimos, no consolarse, no entrar en debate con la mente.

Al inicio de la terapia conocí a la madre de Isabel, una persona inteligente y tan dulce como su hija, que la apoyaba al cien por cien. Entendió muy rápido la esencia de la terapia y fue clave para que la joven se recuperara tan rápido.

Durante las largas jornadas de estudio de Isabel, su madre le decía: «Hija mía, ¡adelante! Siéntete cómoda con la ansiedad y la duda. Sé que ahora no ves la salida al problema, pero está ahí, a la vuelta de la esquina. Es como si te dijeran que tu destino está al final de la calle, ahí, al doblar la esquina. En este momento no ves el edificio al que te diriges, pero está ahí, doblando la esquina. Ahora ten fe y sigue caminando».

Cuando acabamos la terapia, Isabel recordaba de un

modo especial el consejo de su madre: «Fue muy útil porque, cuando estás fatal, toda tu mente te dice que huyas del malestar, que es insoportable. Tu mente neurótica te intenta convencer de que dejes de exponerte. Pero esas palabras de mi madre me ayudaron a mantener la fe en el sistema».

Isabel hizo un trabajo extraordinario y, en pocos meses, su mente se corrigió completamente. Ahora mismo, es una joven médica residente enamorada de su profesión y de su vida. Y su TOC, una experiencia aislada de un pasado muy remoto.

Tener fe, pues, consiste en confiar en que la terapia dará resultados, aunque no lo veamos claro. Seguir adelante con ciega determinación, aunque la mente proteste, aunque nos acose a dudas.

Mantener la fe es algo esencial porque nuestra mente infantil protestará ante los cuatro pasos y tendremos que emplear toda la fuerza de voluntad del mundo.

En las crisis, tirando de fe, podremos decirnos a nosotros mismos: «Mente, ¡tú di lo que quieras! Yo voy a seguir con la exposición por dos razones: porque tengo muchas pruebas de que esto funciona y porque no tengo otra alternativa. Continuaré y acabaré. ¡Y que sea lo que Dios quiera!».

Porque tengo pruebas

La terapia de exposición para los ataques de ansiedad y el trastorno obsesivo ha sido comprobada en millones de ocasiones. Literalmente, sin exagerar nada. Existe por lo menos desde hace cien años y la han practicado infinidad de insignes terapeutas. Por mencionar unos cuantos:

- Claire Weekes
- Edna B. Foa
- Reid Wilson
- Helen Odessky
- Jeffrey M. Schwartz
- David Carbonell
- Jonathan S. Abramowitz
- Lee Baer
- Mark Crawford
- Raeann Dumont

He citado sólo algunos de los más famosos, pero existen miles más, con destacadísimas carreras y, junto con ellos, millones de pacientes curados.

También existen muchas personas que han superado el trastorno por sí mismas y que se dedican profesionalmente a guiar a otros hacia la salida del pozo. Hacen un gran trabajo. Uno de los más conocidos en el mundo anglosajón es Charles Linden, un británico que sufrió ataques de ansiedad durante años y que ahora vende un método, también conductual, que ha llegado a un sinfín de gente.

De hecho, existen pocas terapias tan comprobadas como la que tenemos entre manos, con todo tipo de testimonios, centenares de libros, artículos científicos, pruebas y más pruebas.

En todas estas pruebas hay que fundamentar la fe de la que hablaba la madre de Isabel. Es una fe sustentada en miles de evidencias: claras, poderosas, inapelables.

Si hay un método por el que podemos apostar, es éste.

Porque no tengo otra

La segunda razón para tener fe en el sistema es que no hay otra opción.

La mayoría de los pacientes llegan a mi consulta tras haber probado decenas de remedios: antidepresivos, ansiolíticos, acupuntura, marihuana, terapias alternativas, relajación, respiración profunda, prácticas religiosas, yoga, deporte, vitaminas en vena, consulta a gurús, meditación, psicodelia, reiki, homeopatía, dieta, masajes, osteopatía, terapia de cristales vibratorios, cuencos tibetanos, danza terapéutica y diez mil cosas más... para seguir ¡en el mismo punto! o, mejor dicho, peor. Ya basta.

¿Qué opción nos queda? ¿Continuar así para siempre? ¿Dejar que el problema empeore poco a poco? ¿Perder más años de una vida preciosa...? ¿En serio?

¡Ni hablar! Es el momento de decirse: «¡Basta! Si he de morir, lo haré, pero batallando. Además, tengo en mis manos un sistema comprobado. Ésta es mi arma y la usaré hasta el final».

Resumamos, pues, los dos fundamentos de nuestra fe:

a) Estamos utilizando un sistema seguro, el más comprobado.

b) No hay otra opción: cambiar mediante este trabajo o seguir igual de mal, lo cual es prácticamente una muerte en vida.

¡Adelante! Cuanto antes empecemos a andar, antes llegaremos a nuestro destino. Isabel y millones más lo han hecho antes. Nosotros seremos uno más de ese maravilloso grupo de renacidos.

En este capítulo hemos aprendido que:

- Hemos de desarrollar la capacidad de tener fe: apostar totalmente por algo aun cuando se duda mucho y perseverar.
- La fe está sustentada en dos pilares:
  – Hay millones de pruebas.
  – No tengo más remedio.
- Las pruebas son los millones de pacientes que se han curado y la cantidad de especialistas que han dedicado su carrera a esta terapia y nos brindan sus manuales.
- Muchas personas se han curado a sí mismas de forma intuitiva, porque el método funciona aunque no lo conozcas previamente.

9

No hay alternativa

> La práctica meditativa consiste en dejar de luchar contra nosotros mismos; dejar de luchar contra las circunstancias, las emociones y los estados de ánimo.
>
> PEMA CHÖDRÖN

Carme es una entusiasta madre de dos hijos pequeños. Tiene treinta y ocho años, trabaja como administrativa y vive en Olot, cerca de Girona. Es una persona entrañable, con un gran corazón y con muchas ganas de ayudar a los demás.

Contactó conmigo a través de las redes sociales para dar su testimonio de autoterapia y tuvimos una conversación muy hermosa que está colgada en mi canal de YouTube. Su caso me gusta mucho porque trabajó en solitario, siendo muy joven, con una perseverancia admirable.

Han pasado más de diez años y reconoce que su vida ha sido maravillosa desde entonces gracias al aprendizaje que desarrolló durante esa experiencia.

Ésta es su historia:

Todo empezó hacia los dieciséis años. Me encontraba relajada y feliz y, de la nada, me llegó mi primer ataque de ansiedad, aunque al principio no sabía qué era aquello; ni siquiera le podía poner nombre. Sólo sentía el corazón desbocado, que me iba a dar un infarto, ¡que me moría allí mismo!

A partir de ese primer ataque, vinieron más. Y cada vez corría a urgencias temiendo lo peor; y cada vez me hacían pruebas y acababan diciéndome que estaba estupendamente. Me alegraba mucho oír algo así, tanto que se me pasaba el mal durante unos días, hasta que, ¡pam!, me volvía a dar.

Así que, al cabo de poco, me mandaron al psiquiatra, pero no me gustó nada. Casi no le pude explicar lo que sentía y salí de la visita con una receta de antidepresivos y dos tipos diferentes de tranquilizantes: uno para tomar cada día y otro, de rescate, para meterme debajo de la lengua en caso de pánico.

Los tomé solamente un mes, porque me daba cuenta de que el problema tenía que ver con mis procesos mentales, no con mi cuerpo. ¡Y no quería medicarme tan joven!

A partir de ese momento, pasé seis años fatal. Fueron seis años de ataques de ansiedad diarios, con sensación de muerte inminente.

Llegó un momento en que ya no salía con mis amigos, ya no asistía a fiestas como los demás. Si iba al cine, por ejemplo, tenía que ser con un Orfidal bajo la lengua antes de entrar. En las peores crisis, no podía ni ir a comprar, ¡ni pisar la calle! Vivía en un estado de alerta y miedo constantes.

Los ataques me dejaban hecha polvo, tanto física como emocionalmente. El cuerpo y la mente se agitaban mucho y, cuando se me pasaban, estaba agotada.

Por otro lado, sentía una soledad inmensa y una incomprensión total. No me atrevía a explicarlo porque ni yo misma entendía qué demonios me pasaba. Estaba en un infierno y pensaba que no saldría nunca de allí. Sin duda, esa misma preocupación me provocaba más ataques.

En un momento dado, hacia los veintidós años, empecé a investigar sobre el tema. En aquella época no era tan fácil encontrar información buena, pero le dediqué mucho tiempo y fui descubriendo fuentes fiables. Vi que había gente que había superado totalmente el problema, de modo que iba a ser difícil pero no imposible.

Me puse manos a la obra. Los contenidos que encontré eran pura terapia conductual como la que enseña Rafael. Y, yo sola, me convertí en mi propia terapeuta.

Y, ¡sorpresa!, fui aprendiendo a «afrontar» y «aceptar», y los ataques cada vez venían menos y duraban menos.

También recuerdo que a lo largo del proceso de autoterapia, que duró unos cuatro años, los síntomas fueron cambiando. Al inicio dominaban las sensaciones del corazón, después de la respiración (me ahogaba) y, finalmente, del equilibrio y mareo (pensaba que me desmayaba). Pero me di cuenta de que era todo lo mismo: ansiedad. Así que me decía: «¡Hey, no pasa nada! ¡Nadie se ha muerto de ansiedad!». Luego respiraba profundamente y me ponía a pensar en otras cosas.

En fin, lo superé no alimentando mis miedos, diciéndome que no estaba asustada y que iba a seguir con mi vida. Al final, yo gané y la ansiedad perdió.

Hubo algo que para mí fue clave a la hora de superar la ansiedad: ser capaz de mirarme en el espejo y dialogar conmigo misma:

—Carme, ¿tú quieres esto para tu vida?

—¡No!

—Pues o espabilas o te espera la ruina.

Tuve claro que debía salir del pozo sí o sí, costara lo que costase. Porque yo no era una persona miedosa y deprimida, sino todo lo contrario: muy alegre y feliz. Y estaba dispuesta a recuperar mi verdadero «yo» a cualquier precio.

También me fue muy bien escuchar testimonios de gente que se había curado. En internet encontré muchos casos y me sirvieron de guía. Además, gracias a ellos, sientes que no estás solo, que no eres el único, que no estás loco.

Recuerdo cuando tenía los ataques en plena noche. Esa etapa fue muy dura, pero la superé «rindiéndome». Cuando me despertaba con el corazón acelerado a cien por hora y pensaba que tendría un infarto, me decía: «Ataque, si tienes que venir, ven. No haré nada. Te ignoraré e intentaré dormir». Y con el tiempo dejé de tenerlos: así de simple y así de difícil también.

Tardé unos cuatro años en controlar la ansiedad, pero ha sido lo más importante que he hecho en mi vida. Y a pesar de que el aprendizaje fue durísimo, la recompensa de conocerme y saber que no va a volver ha sido increíble. Sentir que soy dueña de mi vida no tiene precio: me hace sentir muy feliz.

He podido comprobar en mis propias carnes que todo está en la mente. ¡Es realmente una pasada! Repito: el aprendizaje fue muy duro, lo pasé realmente mal, pero me doy cuenta de que mi evolución personal requería pasar por eso. Mi felicidad dependía de ese trabajo de maduración.

Desde aquí quiero decir a todo el mundo que también puede hacerlo. A veces uno lo ve como algo imposible, pero la realidad es que la mente funciona así y que el milagro se producirá.

La mítica doctora Claire Weekes superó, en su juventud, un muy severo trastorno de ansiedad. Su capacidad investigadora y su coraje la condujeron al otro lado: al dominio, la armonía, la paz y la alegría.

Y, tras superar su problema, como suele suceder, sintió la necesidad de ayudar a otros. Y se convirtió en guía de miles de personas a lo largo de varias décadas.

Gracias a ella, miles han logrado la misma magia de transformación que estudiamos aquí. Claire Weekes ha sido la persona más influyente de la historia de la verdadera curación de los problemas nerviosos (y no Freud ni ningún otro).

En una de las entrevistas que concedió, dijo:

> A la hora de hacer este trabajo, muchos cometen un error: aceptan sus síntomas al 99 %, pero no al 100 %. Y ese 1 % lo cambia todo. Y es que sólo se alcanza la victoria cuando se llega al 100 % de aceptación. Mi tarea es ayudar a llegar, lo antes posible, a ese 100 %.
>
> [...]
>
> La recuperación no está en cambiar el torbellino de emociones y pensamientos, ni en tranquilizarlos ni evitarlos. La recuperación está en ir hacia ellos directamente y, una vez allí, abrirse con una aceptación total. Una y otra vez. Y así, aunque parezca increíble, se va obrando la magia.

Cuando releo estas líneas, me imagino a mí mismo abriendo los brazos al malestar. Me veo metiéndome en él, permaneciendo dentro, tranquilo, durante mucho tiempo. Sé que así, con perseverancia, llegaré a comprobar que allí dentro no hay nada: sólo armonía y paz. Y empezaré a ser libre de verdad.

A veces, el hallazgo de que el miedo es humo llega enseguida, aunque para la mayoría requiere muchos meses de práctica de aceptación.

Como ya he dicho, el segundo paso del método de Claire Weekes, la aceptación, es el más importante, es la clave. Y fijémonos en que, en esencia, se trata de ir hacia las emociones negativas para asentarse en ellas y permanecer allí hasta que las vivenciemos de otra forma, con cierta comodidad. En resumen, el proceso sería:

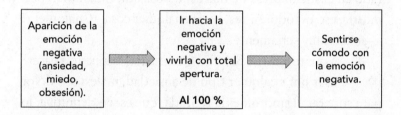

| Aparición de la emoción negativa (ansiedad, miedo, obsesión). | → | Ir hacia la emoción negativa y vivirla con total apertura. Al 100 % | → | Sentirse cómodo con la emoción negativa. |

Como psicólogo, he tratado muchas veces a personas con adicciones. Tener una adicción es un asunto muy serio porque, además de hundirte la vida, te hace trizas la autoestima. Y es que casi todo el mundo desprecia a los adictos por ser ellos quienes se autoprovocan el problema. Se les presupone poca fuerza de voluntad y encima son unas máquinas de generar problemas a su alrededor. Así que, además de estar muy enfermos, son despreciados. Cuando tienes un cáncer, al menos, la gente siente pena. Ante un adicto, sólo rechazo y desprecio.

Tratando a adictos, con frecuencia he tenido un diálogo del tipo:

—Dime, ¿tú estás dispuesto a acabar durmiendo en la calle, destrozado y maloliente?

—¿Qué quieres decir, Rafael, que me ves así de mal? —pregunta alarmado el paciente.

—¡Claro que te veo mal! No te voy a mentir: ahora tienes un problema muy grave y es muy posible que acabes así, en la calle, adonde arrastran la adicciones —respondo.

—¡Ni hablar! ¡Yo no estoy dispuesto a acabar así! —replica.

—Muy bien. Eso me gusta. Yo tampoco lo estaría. Es más, te voy a decir algo: te prometo que nunca acabaré en la calle tirado en el suelo, presa de una asquerosa adicción. No lo permitiría, eso es todo. Antes, haría cualquier cosa. ¡Cualquiera! —aclaro muy seriamente.

—¿A qué te refieres, Rafael? ¿Qué estarías dispuesto a hacer?

—Pasar por cualquier tipo de ansiedad, malestar o dolor para superar el síndrome de retirada, que es, en definitiva, lo único que nos separa de la curación. ¡Estaría dispuesto a pasar por lo que sea, aunque eso signifique rabiar como un perro! La posibilidad de ser un adicto no existe porque no lo permitiría. A mí «eso» no me va a pasar, y punto —concluyo.

Con este diálogo intento preparar al paciente para el síndrome de abstinencia. Nos interesa que siga adelante, suceda lo que suceda. Que esté dispuesto A TODO para acabar con la adicción. E intento que vea que no hay otra opción porque la alternativa es acabar como un desarrapado, un ridículo despojo, un ser sin fuerza de voluntad, despreciado por todos. Y eso, simplemente, no es admisible. Si hay que morir, que sea luchando; no arrodillado en el suelo.

Saber que no hay otra opción nos proporciona la determinación necesaria para pasar por lo que sea. Este concepto —«No hay otra opción»— infunde mucha fuerza.

Con el trastorno de ataques de ansiedad o las obsesiones sucede algo muy similar. Aquí tampoco hay alternativa. La única posibilidad para llegar a ser feliz es trabajar a toda máquina con el método conductual hasta superarlo del todo. Porque, de lo contrario, ¿qué nos espera? Unas emociones cada vez más horrorosas, nula capacidad para apreciar la vida y para amar a los demás, mucha infelicidad, mucha confusión, desesperación.

ESTO NO ES VIDA

Durante los procesos de terapia, suelo hacer algo muy inusual: convoco a dos personas en la consulta a la misma hora. De un lado, el paciente en cuestión. Del otro, un expaciente feliz, un testimonio de curación, alguien que ya ha superado totalmente el trastorno.

Recuerdo una ocasión en que la expaciente era María José, una mujer que había padecido un trastorno de ataques de pánico durante veinticinco años y se había curado. Aquel día fue una magnífica coterapeuta. Le dijo a la joven Gimena, la paciente novata:

—Hija mía, tienes que armarte de determinación. ¿Sabes por qué? Porque, de lo contrario, estarás así de mal para siempre. ¡Y esto no es vida!

Gimena asintió con los ojos como platos. Para sus veinticinco años, la experiencia de décadas de María José, que tenía en ese momento cincuenta y cinco, era como la Biblia. María José prosiguió con su valiosa lección:

—A menudo, estaba ansiosa todo el maldito día por temor a los ataques de pánico. Podía pasarme un montón de tiempo sin pisar la calle. Y cuando, al final, salía, estaba tan alterada que iba por el mundo como una loca. Y, claro, muchos me tenían por chalada. Ni siquiera inspiraba la compasión que la gente siente, por ejemplo, por los enfermos de cáncer. Así que mi autoestima estaba por los suelos.

María José explicó a continuación que, cuando acudió a mi consulta, había tocado fondo y estaba decidida a hacer todo lo necesario para curarse porque estaba agotada y harta de sentirse mal.

En aquella época yo participaba en un programa de divulgación en TVE . Un día, María José me vio hablando de los ataques de ansiedad y telefoneó inmediatamente a su hermana:

— Oye, ¡acabo de ver a un psicólogo por la tele que me va a curar!

—¿Qué dices? ¿Por qué piensas eso? —preguntó escéptica la hermana.

—Porque ha descrito al pie de la letra cómo me siento y lo que me sucede como si él lo hubiese pasado. ¡Sabe muy bien de lo que habla!

Y, efectivamente, llamó e iniciamos la terapia.

María José apostó fuerte y lo dio todo para curarse. Porque, como muy pronto comprendió, en realidad, ¡no hay alternativa!

DISPUESTO A MORIR

El siguiente tema que trataremos puede sonar muy fuerte, pero creo que es importante encararlo. Hablaremos de la intensidad necesaria para hacer el trabajo conductual. Porque para curarse es esencial darlo todo, como nunca lo habíamos hecho antes. Y es que, en muchos sentidos, hay que estar dispuesto a morir.

Me explico.

Las personas que tienen ataques de ansiedad suelen creer que van a morir. Les duele el pecho, sufren mareos salvajes, experimentan mil síntomas en apariencia espeluznantes y, como colofón, sienten la aterradora sensación de muerte inminente.

Y resulta que para superar el trastorno tienen que exponerse, una y otra vez, a esa misma sensación de muerte. Sin filtros. Con total apertura.

En realidad, no les va a suceder nada, porque nadie se ha muerto de un ataque de pánico, pero su mente los martillea con esta idea. Por lo tanto, es esencial afrontar y decirse a uno mismo:

—Si haciendo este trabajo conductual muriese, lo aceptaría.

O una frase más manejable, como por ejemplo:

—Si me muero, me muero.

Sé que, dicho así, puede parecer una tremenda exageración o demasiado macabro, pero mi experiencia me dice que se trata de un planteamiento necesario. «Si me muero, me muero» significa, ni más ni menos, que estamos dispuestos a todo para curarnos.

Y tengo clarísimo que es obligado llegar tan lejos. Básicamente, porque la mente nos sitúa en esa coyuntura. Con su pataleta, nos amenaza con los peores escenarios, de modo que es necesario recoger el guante, aceptar el envite. Y es que, como decía mi expaciente María José: «La vida con ansiedad no es vida». Y tenía toda la razón.

Cuando llegamos a ese nivel de compromiso, el trabajo es mucho más fácil. Porque la aceptación de lo que venga es absoluta.

En ocasiones, en referencia a la aceptación de la muerte, explico a mis pacientes que, antaño, cuando la gente hacía la guerra, salía al campo de batalla sin saber si iba a regresar viva aquel día, y que antes de emprender la carrera, espada en alto, se despedía del mundo diciéndose algo así como: «¡Adelante! ¡Que suceda lo que tenga que suceder!».

En aquella época, la gente guerreaba por causas que no eran nada legítimas: por el rey, por la patria o por la gloria. Sin embargo, ahora vamos a darlo todo por algo muy diferente, por algo realmente valioso. Vamos a levantar la espada por nuestra libertad interior, por vencer a la locura, por tener una vida hermosa, por poder amar a los que nos rodean, por dejar una bonita huella sobre la Tierra, por volver a ser nosotros mismos.

¿Vamos a salir al campo de batalla? ¿Estamos dispuestos a morir? ¡Claro que sí!

Se trata de la mejor causa posible. Salgamos corriendo a campo abierto, hagamos lo que haya que hacer y mañana comprobaremos si todavía seguimos en pie.

BLOQUEAR LA MENTE

Cuando llevemos a cabo este trabajo conductual, habrá numerosos momentos en los que la mente no callará (y no dirá nada bueno ni constructivo). Se lamentará, protestará y, sobre todo, buscará mil salidas, mil huidas.

En realidad, ahí es donde radica todo el problema, en el frenesí de la mente en busca de salidas. Si no pensáramos, la ansiedad nunca llegaría. Experimentaríamos nervios, temor, pero serían pasajeros, durarían instantes, como les sucede a los animales.

Es fundamental, pues, que aprendamos a bloquear la mente.

Con el problema de las adicciones, bloquear la mente es una habilidad que se ve especialmente clara y necesaria. Quienes dejan una droga, la que sea, experimentan momentos en que su mente se las inventa todas. La mente infantil sólo quiere consumir —beber, fumar, tomar tranquilizantes, meterse cocaína...— y genera autoengaños de todo tipo. No sólo dice «¡Necesito un cigarrillo!», sino que idea argumentaciones, excusas y mentiras que sólo tienen un propósito: reincidir. Y, a la velocidad de la luz, surgen ideas como: «Sólo será uno...», «Si fumo ahora uno y me tranquilizo, mañana estaré más preparado para dejarlo definitivamente», «Pero... ¿no será mejor dejarlo poco a poco y no de golpe?».

Es evidente que, para superar estos momentos, el adicto tiene que aprender a «no escuchar», a bloquear la mente, mantenerla ocupada en otra cosa.

Hace muchos años, estudié un libro que admiro profundamente: el *Libro Grande* de Alcohólicos Anónimos (AA). En él, uno de los fundadores de AA relata una experiencia personal que es curiosa y dramática al mismo tiempo.

El hombre había estado realmente mal. Durante el último

año de su vida alcohólica, su estado había sido tan deplorable que sólo pensaba en el suicidio.

Sin embargo, después de muchos meses de dura abstinencia, había recuperado la estabilidad mental y buena parte de la salud. Por fin se encontraba bien y su esposa volvía a creer en él. Tras ese duro período de abstinencia, la vida empezaba a ser agradable y serena. Incluso un buen amigo le ofreció trabajo como vendedor en su empresa, una gran noticia porque, aunque había sido un exitoso *broker* en Wall Street, en el entorno de la bolsa se lo consideraba un apestado y allí nadie le iba a dar otra oportunidad.

A pesar de todo, ahora, un ángel caritativo lo ponía de nuevo en la línea de salida. Era un buen amigo de la infancia.

Cuenta nuestro protagonista que, un día que se hallaba de viaje para hacer unas visitas comerciales, sintió hambre y entró en una cafetería para pedir un bocadillo, que acompañó con un vaso de leche. Entonces, según él mismo cuenta en el *Libro Grande*:

> Pasó por mi mente la siguiente idea: «Si añado a la leche un chupito de whisky no me hará ningún mal».

Antes de que pudiese pensárselo, la mezcla se deslizaba por su garganta. En menos de dos horas, estaba completamente borracho. Tardó tres días en regresar a casa. Perdió el empleo y empezó otro carrusel infernal de alcoholismo, locura y desesperación.

Por suerte, al cabo de un tiempo, dio con Bill, el que sería cofundador de AA, y juntos encontraron la salida, esta vez definitiva, a su enfermedad.

Esta historia me recuerda lo importante que es aprender a bloquear la mente, a no hacerle caso, a dejar que hable todo lo que quiera y seguir nuestro camino, a no dialogar con ella.

En todos los casos que estamos estudiando —los ataques de ansiedad, las obsesiones o la hipocondría—, será absolutamente necesario aprender a emplear esta habilidad de bloquear la mente.

No hay duda de que la mente nos empujará a un diálogo de locos cuyo único propósito es que huyamos de la situación, que evitemos el malestar emocional. Y ya hemos visto que la evitación es la madre del problema, la gasolina que enciende la hoguera.

En el caso particular del trastorno obsesivo, la habilidad de bloquear la mente resulta todavía más fundamental, ya que los obsesivos tienen pensamientos (o imágenes mentales) que los atemorizan. Se trata de ideas irracionales, pero ellos les otorgan cierta veracidad. Por un lado, saben que no tienen mucho sentido, pero, por otro, les parecen plausibles o razonables.

Recuerdo el caso de Isabel, que temía contagiarse de gérmenes en todas partes. Por ejemplo, si tocaba los muebles de su casa, aunque estuvieran relucientes, corría a lavarse las manos al menos cuatro veces. Y después desinfectaba esas superficies.

Sus exposiciones consistieron —entre otras— en dejar sin limpiar los muebles varias semanas y tocarlos cada día. Y, claro, no lavarse las manos. Después de la exposición, y durante una media hora, su cabeza era un hervidero de angustia y amenazas de contagio y muerte. Su mente le decía una y otra vez: «¡Debes lavarte ahora mismo!», «¡Seguro que ahora ya estás contaminada!».

Pero aprendió a ponerse a trabajar en alguna tarea haciendo caso omiso al parloteo loco de su mente. En unos meses, los gérmenes ya no eran un problema. Y un tiempo después logró erradicar sus otras obsesiones y manías.

Con grandes dosis de fe y con su recién estrenada habilidad de bloquear la mente, consiguió la completa liberación.

Bloquear la mente es una habilidad que se desarrolla con la práctica. Los meditadores budistas la trabajan con especial énfasis, y les presta grandes servicios a lo largo de la vida.

LA DISTRACCIÓN

Uno de los grandes nombres del mundo de la psiquiatría es Jeffrey M. Schwartz, un psiquiatra de Los Ángeles especializado desde hace décadas en el trastorno obsesivo compulsivo.

El doctor Schwartz publicó, hace bastantes años, un libro titulado *Brain Lock*, que se podría traducir como «La llave maestra del cerebro» y que es, aún a día de hoy, un referente internacional sobre el TOC.

En él describe una herramienta clave de su método llamada «refocalización», que consiste en redirigir la atención a una actividad agradable o útil que requiera de nuestra atención. Esto es, distraerse justo después de la exposición.

Esta herramienta es el principal ingrediente diferencial de la receta Schwartz para superar el TOC. Él también recomienda afrontar, aceptar, flotar y dejar pasar el tiempo, como Claire Weekes, pero añade refocalizar para facilitar la tarea.

Yo también creo en la conveniencia de refocalizar, en el sentido de disponerse a pasar el tiempo inmersos en una tarea útil.

El procedimiento consiste en exponerse completamente al pánico o a las obsesiones y, una vez inundados de malestar, emprender una actividad distractora: leer, escribir, cuidar el jardín, cocinar, limpiar, aprender a tocar la guitarra... Y a partir de ahí, dejar pasar el tiempo, hasta que llegue la hora de irse a dormir.

Es esencial, sin embargo, no confundir «refocalizar» con «evitar». Si evitásemos, estaríamos empeorando el trastorno. Sería contraproducente. Veamos la diferencia:

Refocalizar significa:

- Prepararse para aceptar el malestar todo el tiempo necesario.
- Poner la atención en otra tarea para bloquear mejor la mente.
- Hacer algo útil para demostrar a la mente que no tiene poder sobre nosotros.

Evitar sería:

- Querer acelerar, como sea, la desaparición del malestar.
- Buscar una salida ya.
- No exponerse.
- No querer experimentar el malestar.
- No darse cuenta de que la curación está en la experimentación reiterada del malestar.

Cuando refocalizamos, dejamos el malestar intacto y esperamos encontrar la comodidad dentro del malestar porque la aceptación total implica sentirse cómodo, aunque lleno de ansiedad.

Con la refocalización buscamos ese momento en que el malestar se convierte en otra cosa, muta de algo «horrible» a algo «desagradable pero tolerable», algo que no nos impide encontrarnos bastante cómodos.

En el siguiente capítulo, profundizaremos en este aspecto.

En este capítulo hemos aprendido que:

- Es necesario exponerse y aceptar al 100 % (al 99 % no funcionará).
- Hemos de llegar a estar cómodos en la incomodidad.
- No hay otra opción que estar dispuestos a todo, como en el caso de las adicciones.
- Antes de la exposición, podemos decirnos: «Si me muero, me muero».
- Podemos visualizarnos como guerreros saliendo al campo de batalla.
- Bloquear la mente es una habilidad que se desarrolla, como un músculo.
- Refocalizar es una técnica que consiste en distraerse con algo útil después de meterse voluntariamente en la ansiedad.
- Mucho cuidado: no hay que utilizar la «refocalización» como «evitación».

10

Entrar en la zona

> Nos han retirado completamente la alfombra
> de debajo de los pies; se acabó; ¡no hay mane-
> ra de salirse de ésta! Ya ni siquiera buscamos
> la compañía del constante diálogo con noso-
> tros mismos sobre cómo son o dejan de ser las
> cosas.
>
> PEMA CHÖDRÖN

Ana es una de las personas más inteligentes que conozco. Es ingeniera aeronáutica y diseña algunos de los aviones más modernos del mundo. Y lo mejor: una dulzura de persona. Y llevó a cabo un trabajo espectacular con su TOC.

Tiempo después de haber acabado su terapia —que hizo con otro psicólogo—, le pedí un pequeño relato de su proceso y escribió un fantástico minimanual de diez puntos. Lo reproduzco aquí tal como me lo envió. No tiene desperdicio.

> Escribo este texto desde el corazón. Por un lado, orgullo-
> sa de haber superado el TOC y los obstáculos que ha puesto
> en mi camino. Por otro lado, con humildad, puesto que no
> soy médico ni psicóloga.

Está basado en mi experiencia personal y en lo que he aprendido durante este proceso. Como paciente de TOC, tendrás tendencia a considerar este testimonio como «la verdad absoluta sobre el tema de las obsesiones», pero no lo es. Así que no te pongas nervioso si no te sientes al 100 % identificado con él, no significa nada.

Mi consejo es que lo leas con actitud de aceptación y que aproveches todo aquello que creas que pueda ayudarte en tu camino de recuperación.

¿Preparado para «aceptar»? Empezamos...

Mi primera crisis grave se produjo hace seis años y tuvo que ver con una relación de pareja. En una semana pasé de estar muy enamorada a dudar absolutamente de todo: «No sé si lo quiero», «No sé si me gusta», «No sé si me trata mal», «No sé si quiero vivir con él...», «¡No sé nada!»

Estas dudas me produjeron una angustia insoportable y, después de dos meses, dejé la relación.

Ésta fue la primera de varias crisis obsesivas que se han ido encadenando en mi vida con distintas temáticas: relaciones de pareja, dudas sobre la vida y la muerte, enfermedades, incapacidad de querer a mi familia...

Pero no entraré en el detalle de cada una de ellas porque después de vivirlas todas he aprendido lo siguiente: todos los TOC que he tenido, sean de la temática que sean, han funcionado de la misma manera y he tenido que afrontarlos de la misma forma, y eso es lo que intentaré explicarte a continuación.

Lo he hecho en forma de «decálogo», contándote las reglas o ideas que más me han servido durante mi proceso de sanación.

1. Tú no tienes la culpa de tener TOC.
Si tienes TOC no es tu culpa. Puede que algunas personas de tu entorno, o quizá tú mismo, al no entender lo que te pasa, te hagan sentir que eres débil, que eres negativo, que no quieres ser feliz, que eres caprichoso... El TOC es un trastorno mental, y de la misma manera que tú no te culpabilizas cuando tienes un resfriado, o no se te ocurriría culpabilizarte si padecieras un cáncer, tampoco debes hacerlo cuando sientas los efectos del TOC en tu mente y en tu cuerpo. Está aquí, el TOC ha llegado a tu vida, y tú no eres culpable de ello.

2. No intentes salir del TOC tú solo.
Supongo que, como desde pequeña, cuando estaba triste, mi familia, mis amigos y mis profesores me habían dicho: «¡No estés triste! ¡Anímate! ¡Piensa en positivo! ¡Tienes muchas cosas para ser feliz!», eso es lo que yo me dije a mí misma cuando empecé a experimentar los efectos del TOC.

Cuando venía la ansiedad y sentía un miedo atroz, intentaba animarme y pensar en positivo. Como eso no funcionaba, me sentía todavía más frustrada.

Esa situación alimentaba mi culpabilidad, volviendo a una de las creencias irracionales que he mencionado en el punto número 1: «Lo tengo todo en mi vida, pero no soy feliz; soy una caprichosa, soy culpable de mi infelicidad».

Te aseguro que el pensamiento positivo y la buena voluntad no resolverán el problema. Sí que ayudan, por supuesto. Son necesarias, pero no suficientes. No puedes salir de ésta tú solo.

Según mi experiencia, para curar un TOC necesitas el acompañamiento de un psicólogo o psiquiatra que conozca tu enfermedad y que te guíe durante la terapia.

3. La terapia de Exposición con Prevención de Respuesta (EPR) es la vía de mejora.

El TOC que no tiene compulsiones físicas (llamado TOC puro) es por lo general difícil de diagnosticar. Quizá te haya pasado como a mí y hayas probado multitud de terapias que no han funcionado. En mi caso, antes de empezar con EPR, probé con terapia cognitiva, acupuntura, terapia energética TAP, meditación, yoga... Incluso un psicólogo llegó a decirme que la causa de mi ansiedad era un trauma que había tenido con un niño a los ocho años de edad.

No fue hasta que empecé a realizar la terapia de EPR, guiada por un psicólogo especializado, que empecé a notar mejoría. En un primer momento intenté realizar la EPR yo sola, guiándome por los consejos de un amigo psicólogo y a través de libros e información que leí sobre TOC. Pero no lo conseguí. La EPR debe hacerse de una forma muy concreta y creo que, al menos durante las fases iniciales de la enfermedad, conviene que trabajes guiado por un especialista.

Si te sientes identificado con los síntomas del TOC y tu psicólogo no está aplicando terapia de exposición, mi consejo es simple y directo: cambia de psicólogo.

4. El proceso será muy largo.

Algunos libros de autoayuda hablan de terapias milagrosas, de cambios espectaculares y de personas que prácticamente de la noche a la mañana han hecho un clic mental y han visto la luz, sintiéndose estupendamente y liberadas de toda angustia y mal en sus vidas. Durante mucho tiempo ansié que pasara eso y me frustró mucho no conseguirlo, haciéndome incluso pensar que lo que yo tenía no era TOC, o que no estaba aplicando bien la terapia.

Según mi experiencia, la terapia del TOC es un proceso largo y duro que va dando frutos poquito a poco, con épocas de avances notables y épocas de estancamiento o retroceso. Ten paciencia porque merece la pena cada minuto de esfuerzo y perseverancia.

5. El esquema de la escalera.
Siguiendo con lo que comentaba en el punto anterior, la terapia del TOC no es siempre una línea continua de mejora, sino que tiene muchas fases distintas. Uno de los dibujos que me ha acompañado durante mis años de terapia es el de la escalera que representa el proceso de evolución del TOC durante la terapia.

Gráfico en escalera sobre la evolución del TOC:

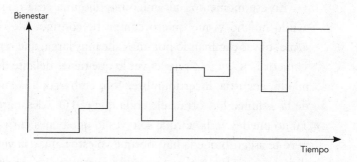

Bienestar

Tiempo

Este dibujo muestra las mejoras y los empeoramientos que experimentarás durante tu proceso de terapia para superar el TOC. La tendencia general de tu evolución será positiva, pero también habrá momentos en los que retrocederás, en los que te sentirás peor que en épocas anteriores, así que no te asustes, forma parte del proceso: ¡no te desanimes y sigue trabajando!

6. El paciente de TOC tiene muy poca memoria.
Este tema me ha sorprendido durante todo mi proceso de

recuperación. Una y otra vez, he aprendido cosas; y una y otra vez, se me han olvidado, o, mejor dicho, el TOC ha sido más fuerte que yo y me ha hecho desaprenderlas. Por ese motivo, en mi caso ha sido fundamental contar con un psicólogo que me recordara —las veces que hiciera falta— los conceptos básicos del TOC: cómo nos engaña, y cómo enfrentarnos a las obsesiones cuando aparecen.

7. Necesitarás fe ciega en el tratamiento.
Durante los primeros meses de tratamiento (puede que incluso más de un año) no confiaba en lo que estaba haciendo. No paraba de pensar que no servía para nada, que mi psicólogo estaba equivocado y que la angustia y las dudas que sentía no se irían nunca.

En ese momento, un amigo me dijo una cosa que me ayudó mucho y que quiero compartir contigo. Me dijo: «Ana, tú vas caminando por una calle muy larga, que representa tu TOC , y sólo puedes ver lo que tienes delante de ti: miedo, angustia, incertidumbre... Sin embargo, a la vuelta de la esquina, hay otra calle en la que el TOC desaparece. Tú no puedes verla porque sólo ves lo que tienes enfrente, pero te aseguro que la hay, porque yo estoy allí, a la vuelta de la esquina. Por lo tanto, te pido que tengas fe ciega en mí y en el tratamiento y que sigas caminando, porque la vuelta de la esquina existe y, cuanto más avances, antes la alcanzarás».

8. Dudar de si lo que tienes es TOC forma parte del TOC.
Es una faena, pero tener dudas de si lo que te está pasando es TOC o no es TOC es un síntoma del TOC. Ahora mismo, incluso a mí, que me considero a más de un 95 % de mi recuperación y que me atrevo a dar consejos a otras personas, me

surge a veces esa duda. Pero es lo que hay, la acepto y no intento resolverla, porque hacerlo sería compulsionar, y eso es justo lo que queremos evitar.

Hasta hace poco, cada vez que leía un testimonio de una persona que había pasado un TOC, intentaba comparar sus síntomas y sus vivencias con las mías, y si no me veía reflejada, concluía que eso era una prueba más de que yo no tenía TOC. Por este motivo, al principio de mi testimonio te he pedido que lo leyeras con actitud de aceptación, porque leer un testimonio es una ocasión perfecta para hacer compulsiones y sufrir, pero también una ocasión perfecta para exponerte a tus miedos y aceptarlos.

9. El TOC tiene múltiples disfraces.
Otro de mis aprendizajes es que el TOC suele tener una forma principal: un pensamiento, una imagen o una sensación habitual. Por ejemplo: «¿Es posible que me suicide?». Y otras alternativas que versan sobre la misma temática pero expresadas de forma diferente, a las que llamamos «disfraces».

Puede que consigas aceptar un pensamiento concreto y que te haga avanzar, pero ten cuidado porque podrían aparecer otros pensamientos, disfrazados de otra forma, que te hagan volver a compulsionar.

Pongo un ejemplo: en el caso de mi primer TOC (de amores), la duda principal era: «¿Y si no amo a mi pareja?».

Ese pensamiento era para mí fácil de reconocer y, cuando venía, sabía que no debía razonarlo, sólo dejarlo pasar.

Sin embargo, si un día tenía un pensamiento nuevo, por ejemplo: «¡Las demás parejas tienen más gustos en común que nosotros!», podía meterme de nuevo a razonar durante horas si ése era un grave problema en mi relación y si eso era una prueba de que yo no quería a mi pareja.

Los disfraces dentro de una misma temática son inagotables, y aunque aprendas a reconocerlos una vez, puede que algún día te descuides y te vuelvan a atrapar (¡recuerda que «el paciente de TOC tiene muy poca memoria»!).

Te propongo que hagas una lista de disfraces que puedas revisar de vez en cuando para estar bien preparado si alguno de ellos vuelve a aparecer.

10. La constancia es la clave.
He dejado para el final la que creo que es la idea más importante de las diez que incluye este testimonio. Y no es otra que la constancia. Pase lo que pase, aunque sientas que no avanzas, aunque estés convencido de que la terapia de EPR no funciona para ti, aunque estés harto y no quieras seguir trabajando, por favor, no pares.

Sigue, trabaja cada día, esfuérzate y prioriza tu recuperación frente a todo lo demás. El esfuerzo constante dará sus frutos, porque, recuerda, tu recuperación está a la vuelta de la esquina.

LA ZONA

En este capítulo veremos otro concepto que considero muy útil a la hora de aprender a deshacerse de la ansiedad y las obsesiones al que llamo «Entrar en la zona».

Antes hemos visto que el psiquiatra Jeffrey M. Schwartz, uno de los máximos expertos en TOC, subraya que la distracción es una gran herramienta para dejar pasar el tiempo acabada la exposición.

Tras afrontar de forma activa el malestar —por ejemplo, saliendo a la calle en el caso de los ataques de pánico—, muchas veces nos quedaremos con un nivel de ansiedad alto. Es decir, después de la exposición, el pánico habrá pasado, pero todavía sentiremos mucha agitación, muchos nervios. En este momento, la actividad distractiva nos irá muy bien, ya que es una herramienta ideal para pasar ese lapso de ansiedad postexposición.

Se trata de concentrarse en una tarea útil que realizaremos durante las siguientes horas y que nos permitirá experimentar «la comodidad dentro de la incomodidad». O sea, que tarde o temprano conseguiremos estar cómodos, lo cual es una forma de aceptación profunda. Pues bien, a ese estado de concentración suave y agradable, aunque con ansiedad, lo llamo «entrar en la zona».

Cuando entramos en la zona, llegamos a sentir la DUALIDAD DE LA MENTE. En otras palabras, a entrar en un estado mental especial en el que:

a) **Estamos mal** (ansiedad, obsesiones, dolor emocional), pero

b) al mismo tiempo **nos sentimos bien**, a gusto, cómodos.

Sé que se trata de una idea extraña porque solemos pensar que sólo tenemos un canal o frecuencia mental —o estamos bien o estamos mal—, pero no las dos cosas a la vez. Sin embargo, hace mucho tiempo que la terapia conductual descubrió la dualidad de la mente emocional.

Es algo parecido a tocar el piano: el alumno novato va tomando clases y un día, de repente, es capaz de tocar con las dos manos: la derecha toca una melodía y la izquierda otra. ¡Es mágico!

Cuando tocamos un instrumento con las dos manos, la mente se divide en dos y cada parte del cerebro se encarga de una tarea diferente.

La mente emocional también puede funcionar dualmente y en paralelo. Requiere un poco de práctica, pero, cuando lo consigamos, lo experimentaremos como algo sorprendente y mágico. Y lo mejor es que, en el preciso momento de la dualidad, la ansiedad deja de ser importante. *Voilà!* Una vez «en la zona», se alcanza automáticamente la comodidad, el bienestar dentro de la tormenta.

Como me dijo un paciente en una ocasión: «Es estar jodido, pero contento. Es una sensación extraña, como cuando corres largas distancias y, a partir de los diez kilómetros, empiezas a sentirte genial. Ya no estás cansado y tienes cierta sensación de euforia. Podrías estar así eternamente».

Es necesario experimentar «la zona» muchas veces antes de liberarse para siempre de los ataques de pánico y las obsesiones. La clave, en efecto, es encontrar la comodidad dentro de la incomodidad.

Así, con la práctica de afrontar, aceptar, flotar y dejar pasar el tiempo, la mente aprenderá que puede entrar en la zona cada vez que quiera. Además, en la zona hacemos algo útil, tenemos libertad para avanzar en la vida, mejorarla, hacerla crecer, ser quienes deseamos ser.

Pero, ¡atención!, la distracción es una maniobra postexposición. Nos distraemos después de abrir el grifo del males-

EN TRAR EN LA ZONA   129

tar, después de experimentarlo generosamente. Nos distraemos sólo si es después. Se trata de buscar la comodidad en la
incomodidad a través de una actividad útil.

Insisto, primero nos hemos expuesto, hemos ido a buscar
la ansiedad, y ahora la toleramos con toda la calma que la
distracción útil nos permita.

EL PODER DE LA ACTIVIDAD ÚTIL

Cuando era un joven psicólogo inexperto, tuve la fortuna
de trabajar con el célebre Giorgio Nardone en su centro de
Arezzo, Italia. Durante el año que pasé con él, aprendí muchísimo más que en los cinco años de licenciatura en Psicología. Trabajábamos sin parar, seis días a la semana. Y el domin-
go, en mi pequeño apartamento de estudiante, aprovechaba
para estudiar, ordenar conceptos, repasar vídeos de terapias
y demás.

Y entre todo aquel vademécum de soluciones psicológi-
cas, recuerdo las indicaciones de Nardone para el insomnio.
Su receta consistía en que el paciente se fuese a dormir e in-
tentase conciliar el sueño durante diez minutos. No más. En
caso de no dormirse, debía levantarse para hacer algo útil
durante una hora. Después podía realizar otro intento de dormir (durante otros diez minutos y no más).

La persona podía pasar toda la noche así, con ciclos de
diez minutos para intentar dormir seguidos de una hora
de trabajo útil (estudiar, trabajar, limpiar la casa...). No valían
actividades de ocio como ver la tele o leer una novela.

Este sistema es mano de santo. Lo he empleado muchas

veces con un éxito arrollador. Y funciona porque la principal causa del insomnio es la preocupación por no dormir. Pensar: «¡Dios, mañana estaré hecho polvo!», «¡Oh, no! Son las tres y sólo quedan cuatro horas para que suene el despertador; me tengo que dormir ya!».

Sin embargo, cuando nos ponemos a hacer algo útil, una parte de nuestra mente dice otra cosa: «Bueno, ¡ya llevo una hora de ejercicios de inglés! Si dedicase toda la noche, daría un empuje importante al curso».

Es decir, por un lado, estamos preocupados por no dormir, pero, por otro, estamos orgullosos de avanzar en determinada tarea. Y ese sentimiento de satisfacción es suficiente para tranquilizarnos y conciliar el sueño.

Desde que aprendí esta maniobra, algunas noches he notado la amenaza del insomnio, pero saber que, en caso de no dormir, haría cosas útiles me ha tranquilizado y he conciliado muy rápido el sueño. De hecho, siempre tengo en la mesilla de noche varios manuales de psicología que leer, artículos que repasar... Un talismán para no preocuparme por el insomnio.

Hacer algo ÚTIL es una herramienta muy importante en psicología. Y ese componente de orgullo o satisfacción personal hace que sea especialmente eficaz cuando estamos aceptando, flotando y dejando pasar el tiempo.

Recuerdo lo que me contó un paciente que padecía de ataques de pánico:

—Rafael, ¿sabes qué tarea útil he escogido para después de exponerme?

—Dime —respondí.

—Aprender a tocar la guitarra. He contratado una clase

semanal con un profesor particular. Y, al margen de eso, practico todos los días al menos una hora —me explicó con una gran sonrisa.

—¡Qué bueno! E imagino que, después de exponerte a la ansiedad, te pones a practicar con la guitarra, ¿verdad? —me aventuré a preguntar.

—¡Exacto! Como estoy fastidiado, mato las horas ensayando, dale que te pego. ¡Y no veas cómo avanzo! —dijo sonriendo orgulloso.

Otra paciente, Laura, se sacó un título de profesora de yoga durante el tiempo que duró su tratamiento (y sus exposiciones). Ahora tiene su propia academia en Madrid y le va de fábula. ¡Vive de la actividad útil que escogió para sus exposiciones!

Laura y yo seguimos en contacto y hablamos a menudo. Ella recuerda su período de afrontamiento como muy hermoso. Experimentó tantas veces la dualidad de «estar bien, aun con malestar» que, en conjunto, disfrutó del proceso.

UN FUTURO IDEAL

¿Te imaginas ser totalmente libre para dirigirte a donde deseas? ¿Convertirte en quien quieres ser? ¿Tener poder y libertad? ¿Fuerza para explorar, inventar, crear? El aprendizaje que proporciona el método conductual produce todos estos premios.

Tener un mundo emocional bajo control implica que las

emociones negativas no serán nunca más un obstáculo en nuestra vida. ¡Al revés! Las afrontaremos sin vacilación para dirigirnos con fuerza hacia donde deseamos ir. Las acallaremos en cuanto asomen y, con paso decidido, avanzaremos hacia nuestros objetivos. ¿Qué nos va a detener entonces? Nada.

Y ya podemos visualizar la libertad que obtendremos una vez acabado el proceso. Lo llamo «la visualización del futuro ideal».

Imagina que ya has superado la ansiedad. Y no sólo eso. Ahora eres tan fuerte que aquello que siempre has soñado ya es tuyo. Una relación de pareja ideal, por ejemplo. O un trabajo apasionante. O quizá las relaciones de amistad más vibrantes. O un cuerpo trabajado y saludable. ¡O todo!

Cada semana, dedica uno o dos días a visualizar durante un rato tu futuro ideal: lo maravillosamente bien que vas a estar una vez que hayas acabado con este trabajo. ¡Todos esos premios serán tuyos! Te los mereces.

¡Vamos allá! Eso será realidad dentro de poco y, cómo no, gracias a este maravilloso trabajo que otros miles de personas han llevado a cabo antes.

En este capítulo hemos aprendido que:

- Una buena aceptación implica llegar a estar cómodo dentro del malestar.
- «Entrar en la zona» es conseguir la dualidad de la mente: estar bien y mal al mismo tiempo.
- Para conseguirlo es bueno emprender una actividad útil.
- Una actividad útil nos permite distraernos y sentirnos orgullosos.

11

Afrontar como un soldado cruzado

> Aunque cada centímetro de nuestro cuerpo
> quiera salir corriendo en la dirección opuesta,
> nos quedamos aquí: no hay ninguna otra forma
> de entrar en el mundo sagrado. Se trata de rela-
> jarnos: relajarnos en el agotamiento, en el in-
> somnio, en la irritación, en lo que sea.
>
> PEMA CHÖDRÖN

Belén es una bellísima mujer de cuarenta años. De tez morena, con la cara redonda, simétrica, enmarcada en una media melena de cabello cobrizo. Es un encanto de persona: amable y atenta. Y también muy segura de sí misma, activa y directa.

Belén es farmacéutica y regenta su propia farmacia en Córdoba. Está felizmente casada y tiene dos niños pequeños.

Hace alrededor de un año, llevó a cabo una terapia con una de las psicólogas de mi equipo, Silvia Tena, porque, por primera vez en su vida, se sentía mal a nivel emocional. De hecho, muy mal: estaba completamente desbordada por unos síntomas que ni siquiera entendía. Y, en especial, no comprendía cómo podía estar así, «ella», que se consideraba una persona muy fuerte.

Recuerdo que, estando ya recuperada, en una conversación que tuvimos, me dijo: «Rafael, antes yo tenía ciertos prejuicios hacia los problemas emocionales. Pensaba que eran propios de personas débiles, pero ahora sé que todos podemos caer en algo así. Si yo he caído, es que le puede pasar a cualquiera. Porque, a riesgo de parecer creída, te diré que siempre he sido la persona más fuerte de mi entorno. Mis amigas solían decirme "Eres una máquina", porque sacaba las mejores notas, trabajaba y todavía tenía tiempo para temas políticos; y lo llevaba todo genial».

Sin embargo, como ya he dicho antes, todo el mundo puede caer en una trampa mental y lo fundamental es no plantearse el porqué, sino el cómo salir de ella. Y, a ser posible, reforzado.

Éste es el relato de superación de la ansiedad de Belén:

En 2020, justo al comienzo de la pandemia, mi marido y yo nos pusimos enfermos. Y sí: ¡era la covid!, esa enfermedad desconocida que empezaba a matar a gente en todas partes.

Al principio nos lo tomamos con calma, hasta que los síntomas de mi marido empeoraron. Le costaba muchísimo respirar y llegamos a estar muy asustados. Durante las primeras semanas de la pandemia, en marzo, sólo se hablaba de casos graves, y la verdad es que a veces nos veíamos con un pie en la tumba.

Mi marido se aisló al cien por cien y yo tuve que hacer frente a la situación, aunque me encontraba hecha polvo. Imaginaos: enferma, con fiebre, supercansada, preocupada seriamente por mi marido, con los niños pequeños en casa, sin poder descansar un segundo, sin poder comprar comida ya que en nuestra zona los pedidos online tardaban un mes...

Tenía miedo y me sentía impotente porque no nos dejaban

acudir al hospital. Los médicos nos decían que, hasta que mi marido no estuviese muy muy grave, tenía que pasar la covid en casa. Fue la situación más estresante de mi vida. Ahora no parece tan fuerte, pero el hecho de enfermar en aquel momento de incertidumbre nos las hizo pasar canutas.

Afortunadamente, aunque fue muy duro, la cosa fue pasando y nos recuperamos.

Pero cuando el estrés remitió y estábamos todos tranquilos en casa, comencé a sentir una inexplicable apatía y, al cabo de unos días, una tremenda angustia. Me preguntaba: «Señor, ¿y ahora qué es esto, una secuela del virus?». Y es que era una sensación horrible, realmente dolorosa a nivel emocional. Llegué a la conclusión de que era consecuencia de estrés bestial que había soportado. Pero, aun así, me costaba un horror soportarlo. Aquello era mucho peor que la situación que habíamos pasado antes con la covid.

No sabría cómo definir lo que tenía. Era un malestar emocional tremendo que me invadía por completo, una mezcla de ansiedad, depresión, etc. No sé... Yo lo llamaba angustia. Nunca antes había sentido algo ni remotamente parecido. Siempre he sido una persona superfuerte y feliz. Soy muy resolutiva y nunca me he achantado frente a los problemas; al revés, siempre me he enorgullecido de poder con todo. Pero os aseguro que aquello era diferente. Además, por primera vez en mi vida no podía ni intentar solucionar el problema porque ¡no tenía ningún problema real concreto! Así que no sabía qué demonios resolver.

También me afectó al sueño, y eso era lo peor porque, aparte de estar bestialmente mal, apenas dormía. Llegué a estar veinte días seguidos sin dormir.

Recuerdo que, desde el principio, me obligué a comportarme como si nada ocurriese. Por más que me costase, cumplí con mis responsabilidades en casa y en el trabajo. ¡Y vaya si me costó! Pero lo hice.

Desde hacía un tiempo tenía el libro El arte de no amargarse la vida *de Rafael Santandreu, pero no lo había leído. Lo hice en ese momento y decidí hacer terapia con su equipo. ¡Y cómo celebro haberlo hecho!*

Me asignaron como terapeuta a Silvia Tena. Recuerdo que, el primer día, le dije: «Confío en vosotros. Conmigo tendréis a una paciente ejemplar: decidme lo que tengo que hacer y yo lo hago».

Como comentaba antes, soy una persona muy resolutiva y estaba dispuesta a activar a tope esa capacidad mía. Tenía mucha confianza en la terapia, así que estaba comprometida a hacer todo lo necesario.

Y, muy pronto, Silvia me explicó los cuatro pasos de la terapia. Recuerdo especialmente el de la «aceptación». Menudo término. El significado lo entiendes rápido, aunque aplicarlo ya es otro cantar. Pero os aseguro que la cosa va madurando en tu interior y, con tiempo y práctica, va dando sus geniales frutos.

Para mí, todo el trabajo terapéutico se podría resumir en «aprender a sufrir para dejar de sufrir». Es algo complicado de lograr. Tendrás que aguantar mucho hasta que te salga. Tendrás que intentar dejar la mente relajada y no hacer nada. Es decir:

- *No defenderte.*
- *No resolver.*
- *Detener la inercia de «querer hacer».*

Se trata de una práctica muy difícil porque es lo contrario de lo que la mente suele querer hacer: resolver, actuar... Pero en este trabajo de crecimiento personal no hay que hacer nada: sólo aceptar, estar ahí, sosegarse con ello.

El objetivo es aceptar psicológicamente todo lo que te sucede. Y además debes comprender que tardarás un tiempo en lograrlo. Tienes que ser paciente.

Pero te aseguro que, de tanto en tanto, conseguirás esa aceptación total. Y luego tendrás que irla transformando en un hábito.

Sin duda, es lo más difícil que he hecho en mi vida, pero lo que me ha cambiado más; lo que ha contribuido más a mi fortaleza y felicidad. ¡Y que conste que antes ya era fuerte y feliz! Pero ahora lo soy mucho más. El trabajo que he hecho ha supuesto un cambio radical en mi interior.

Repito: sé que es algo difícil de conseguir, pero estoy segura de que todo el mundo puede lograrlo porque es algo matemático. Si aceptas completamente todas las emociones y los pensamientos, éstos se hacen ligeros y pasajeros. Les pierdes el miedo y, entonces, desaparecen.

He tenido dos partos y quise que los dos fueran de forma natural. En el segundo, hubo complicaciones. Querían practicarme una cesárea, pero me negué. Recuerdo que los médicos que pasaban por allí decían: «¿Pero quién es esa niña que aguanta tanto?».

Después de dar a luz, estuve en la UCI y fue una experiencia dura, pero esto que he hecho ahora lo ha sido más. Y lo ha sido porque has de hacer lo contrario de lo que te dicta tu intuición y te afecta a nivel psicológico. Pero sigo diciendo que ha sido maravilloso, incluso alucinante.

Recuerda: te has de mantener firme frente a las emociones; aceptarlas sin huir. Te darás cuenta de lo mucho que eres capaz de soportar.

También es importante que, independientemente de cómo te sientas, no te pares a dar vueltas a ningún pensamiento que no te interese. Verás que, si te expones y aceptas sin parar, si dejas pasar las emociones y los pensamientos negativos (una y otra vez), ¡éstos se van! Y tú cada vez serás más fuerte.

Lo que más se me resistió fue el no dormir. Aceptar eso fue lo más difícil. No lo conseguí rápido: tuve que ir madurando esa aceptación. Me decía: «Si no duermo, no duermo; está todo bien».

Al inicio quieres aceptar, pero tu mente se resiste. Hasta que lo vas logrando. Recuerdo que, en un momento dado, después de una racha insomne, me sorprendí a mí misma: «¡Tía, llevas tres días sin dormir y no te afecta!». ¡Le había perdido el miedo! Es algo que cuento ahora rápido, pero que me costó lo mío. Como todo lo demás, fue algo progresivo.

¡Estoy tan feliz del resultado...! Habrá gente a la que este trabajo le venga grande, porque no todo el mundo tiene la capacidad de sufrir y aguantar, pero, por favor, tienes que hacerlo. Todo el mundo puede. Y piensa que es la solución definitiva. Hazme caso: te tienes que mantener firme, y aprender a ser paciente. Yo antes no era muy paciente. Era muy resolutiva, pero no paciente. Ahora sí lo soy.

Mientras hagas este trabajo, te has de decir todo el tiempo: «Los días malos son, en realidad, buenos. Son necesarios, porque así mejoro mi mente». No busques una explicación de por qué estás mal. Ve asumiendo la experiencia.

Ahora he alcanzado un punto en el que siento que nada me

puede perturbar demasiado. Al menos, no más de lo equilibra-
damente necesario. Creo que las emociones negativas son inhe-
rentes a la vida, pero puedes aprender a experimentarlas de
forma suave y útil.

Podemos aprender a vivir el momento presente dejando la
realidad tal como es, sin detenernos a pensar mucho en ella. Se
trata de dejar de evaluar y estar ahí. Eso sí: hay que acumular
horas de ensayo.

Creo que todo tiene un sentido en la vida y que el estrés tan
fuerte que pasé llegó para hacerme crecer. Un cambio interior
profundo sólo se produce cuando tienes una crisis. Si no, nadie
hace el esfuerzo necesario para tal cambio.

Mi mensaje es que, independientemente del grado de ma-
lestar psicológico que tengas (apatía, ansiedad, angustia...),
todo SE QUITA, todo SE ESFUMA, si trabajas la mente con el
método correcto.

Todo el mundo puede lograrlo porque se trata de un proceso
NATURAL.

Para ello hay que aprender a sufrir, a estar ahí, sin más, pero
te prometo que éste es un sufrimiento que dará fruto y te hará
más fuerte y feliz.

Reconozco que, de buenas a primeras, es complicado com-
prenderlo y asumirlo, pero te aseguro que se trata de un tesoro
sin igual. Y no sólo desaparecerá el problema, sino que desarro-
llarás una mente serena para toda tu vida, que es lo que te per-
mitirá experimentar la verdadera felicidad.

Sentirás que, pase lo que pase, nada te suscitará emociones
más allá de las naturales inherentes a la vida (menores), necesa-
rias también para alcanzar esa felicidad tan anhelada por todos.

Ahora me siento genial. Siento que puedo con todo y aplico este trabajo a todo, a cualquier pequeña emoción negativa: me abro, la vivencio y se esfuma. Agradezco la oportunidad que me ha dado la vida de aprender esto ahora. He llegado a un punto de decirme: «Sé que voy a ser feliz toda mi vida. Nada me podrá preocupar mucho nunca más».

En definitiva, no sé si mis ondas cerebrales se acercan a las del monje budista Matthieu Ricard, jejeje, pero han mejorado notablemente. Me encuentro superbién y siento que en mi interior está todo lo necesario para ser feliz.

Desde hace muchos años, soy aficionado a la historia. Leo libros de divulgación que relatan los hechos más interesantes del pasado. Y, muchas veces, uso símiles y metáforas históricas en terapia. Una de mis favoritas es la de los cruzados cristianos.

Los cruzados eran unos tipos sorprendentes que lo dejaban todo para viajar hasta la lejanísima Jerusalén y liberarla del poder musulmán. En pleno Medioevo, se despedían de su familia y de sus ocupaciones habituales y emprendían un azaroso viaje de miles de kilómetros para jugarse la vida a hierro por un remoto ideal. Desde luego, era una empresa loca y bárbara, pero nos puede servir para aprender algo de psicología humana.

Aquellas contiendas debieron de ser brutales. Espada en mano, encomendados a Dios, se lanzaban a un campo de batalla donde el enemigo era igualmente cruel. La muerte podía llegar de mil formas diferentes: flechados por arqueros, golpeados por mazas, machacados por los cascos de un caballo, desangrados a causa de un tajo... Pese a todo, las gentes acudían a esa llamada en masa. Personas comunes, como agricultores, albañiles o artesanos, se convirtieron en soldados sagrados.

El trabajo conductual tiene algunas características en común con aquella loca epopeya, pues también requiere coraje, esfuerzo excepcional, desprendimiento y desprecio hacia la muerte. Pero, atención, nuestro premio es infinitamente mayor que rescatar Tierra Santa: ¡es conquistar la propia mente! ¿No es eso mucho mejor?

En mi consulta, he tenido cientos de conversaciones como la que sigue:

—¿Estás dispuesto a ser un caballero cruzado, en tu propia conquista personal? —pregunto muy serio.

—Sí, sí. Lo estoy. Esto no puede seguir así —responde el paciente en tono grave.

—Pues, amigo mío, ya sabes lo que significa ser un soldado interior: durante un tiempo, tendrás que sacar la espada sin saber si llegarás vivo al día siguiente. Y hacerlo todos los días —continúo con la misma seriedad.

—Sí. Lo comprendo y lo acepto —concluye con firmeza.

Creo que, en la vida de todos, hay momentos claves que demandan este tipo de coraje. Tenemos que sacar la espada y adentrarnos en el campo de batalla sin mirar atrás. Es algo que afecta a todos los seres humanos, no sólo a los que tienen ataques de ansiedad o trastorno obsesivo. Pero, a diferencia de las cruzadas medievales, nuestra guerra tiene la victoria asegurada.

He tenido el honor de trabajar con muchas personas que han seguido este sistema y todas lo vivencian como la mayor lección de su vida, la clave que les ha permitido tener una vida maravillosa, incluso bellamente espiritual.

Y es que este aprendizaje nos enseña a relacionarnos con las emociones de una forma completamente diferente. Desde la libertad total. Recordemos que todas las emociones negativas funcionan igual. Si les perdemos el miedo, vemos que son humo: nada que sea capaz de hacernos pasarlo mal. No duelen, en realidad. No causan daños. ¡Son inocuas, neutras, inofensivas hasta lo absurdo! ¡No son nada!

Por otro lado, después de un aprendizaje como éste, la vida se vuelve increíblemente hermosa y colorida. Por la simple razón de que apreciamos con más intensidad las cosas bellas.

Una vez traspasado el umbral, sabemos que existen los nervios, la ansiedad, la tristeza, pero son cosillas menores que ya no nos asustan. Y lo que cobra protagonismo es el amor, la diversión, la tranquilidad, la oportunidad de hacer cosas valiosas... Más que antes. Mucho más que antes.

COMPROMISO VITAL

Siempre hay un momento, al final de la terapia conductual, en que pido a los pacientes un compromiso perpetuo. Les pido que se comprometan a no permitir nunca más que las emociones negativas dirijan su vida.

Recuerdo la primera vez que hablé del asunto con uno de mis pacientes. Roberto era un joven estudiante de Biología al que le quedaba muy poco para finalizar la terapia.

—Ahora que ya estamos terminando, Roberto, es el momento de comprometerse a atajar cualquier temor futuro —dije con voz solemne.

—¿A qué te refieres?

—Mira, ya has superado los ataques de ansiedad y manejas perfectamente los cuatro pasos. Lo que te pido es que jures, para el resto de tu vida, que nunca más permitirás que ninguna emoción negativa te invada de nuevo. La atacarás nada más aparecer, tal como has hecho durante los últimos meses.

—Ah, vale, ya lo entiendo. ¡Y lo juro, claro que sí! —dijo Roberto mirándome fijamente.

—Todas las emociones negativas funcionan igual. Y tú ya has visto adónde llevan si te dejas doblegar por ellas, ¿verdad? —pregunté.

—¡Y tanto! Desde luego, he aprendido la lección. Nunca más permitiré que la ansiedad se me suba a la chepa. Te juro que no lo permitiré —concluyó.

Este compromiso nos pide que, como soldados cruzados, una vez acabado nuestro aprendizaje, tengamos la espada siempre a mano. Y cuando asome una pizca de miedo, saquemos raudos el arma para eliminarlo con los cuatro movimientos que tan bien conocemos.

El premio a nuestro compromiso será una vida clara, limpia, alegre, serena, feliz. Tanto como el más fuerte y feliz de los seres humanos.

Debemos tener fe. Cientos de miles de personas han llevado a cabo el milagro de la transformación de su mundo emocional. Nosotros no nos quedaremos atrás.

EL SÍMIL DE LAS HORAS DE VUELO

Repetidas veces he tenido la siguiente conversación con mis pacientes:

—Rafael, ¿qué me recomiendas: empezar la exposición a tope o empezar suavemente e incrementar la dificultad de forma gradual? —me preguntan.

—Yo recomiendo empezar a tope, porque, si vas lento, sufrirás más tiempo. Además, hay datos que demuestran que, cuanto más enérgica sea la exposición, mayor será la probabilidad de éxito —respondo.

—¿Puedo ir a tope, entonces? ¿Al máximo desde el inicio?

—¡Estaría genial! Fíjate en los aspirantes a piloto de avión. Para sacarse la licencia, además de superar un examen teórico, les exigen determinadas horas de vuelo. Por ejemplo, mil.

—¿Y eso qué tiene que ver con mi terapia? —preguntan sorprendidos.

—Pues que tú también necesitas determinadas «horas de vuelo» o de exposición para conseguir tu «licencia».

El símil de las horas de vuelo indica que la mente necesita asegurarse de que la ansiedad no es nada peligroso ni temible. Y eso sólo se consigue a base de práctica. En este sentido, la teoría vale de poco.

Empezar fuerte, con toda la intensidad del mundo, acortará ese tiempo. Empezar despacio, por el contrario, lo alargará, por lo que el sufrimiento se prolongará. Es más: si vamos demasiado lentos, lo más seguro es que no lleguemos a adiestrar nunca la mente.

Por lo tanto, lo mejor es afrontar lo peor desde el principio, para que el período de aprendizaje sea lo más corto posible y podamos volver a la vida cuanto antes.

Una vida maravillosa nos está esperando y tenemos pleno derecho a ella. ¡Vamos!

La lista de las neuras

Con frecuencia, después de un período con ataques de ansiedad o TOC, los miedos se expanden y acabamos experimentando un montón de temores absurdos que antes no teníamos.

Veamos, por ejemplo, el caso de Andrés, un paciente que llevaba tres años con ataques de ansiedad. En consecuencia, evitaba coger el tren, el coche, el avión, ir a la montaña y algunas otras situaciones en las que imaginaba que, de darle un ataque, tardaría en conseguir ayuda. Es decir, había asociado todas estas situaciones a los ataques de ansiedad y, si intentaba pasar por ellas, se asustaba y le sobrevenía el ataque.

Por otra parte, Andrés también había desarrollado temor a estar solo y desocupado. Todo empezó porque se dio cuenta de que estando ocupado y rodeado de gente se distraía y le daban menos ataques. Otro juego de asociaciones. Por lo tanto, la idea de estar solo u ocioso lo aterrorizaba.

Otro temor que había surgido durante esos tres años fue el miedo a no dormir. Resulta que, en un momento dado, tuvo algunas noches de insomnio y lo pasó muy mal. Optó por tomar somníferos, pero enseguida fue consciente de que se había enganchado a esos fármacos. Tras dejarlos, comprobó que el hecho de no dormir le producía pavor. Y, claro, ese miedo le provocaba más insomnio, el clásico bucle neurótico.

Cuando acudió a mi consulta, dormía unos tres días bien y cuatro mal. Los días malos sólo lograba conciliar el sueño unas dos horas y las noches se le hacían larguísimas: las pasaba lleno de ansiedad.

En una de las primeras sesiones, pedí a Andrés que confeccionara una lista exhaustiva de sus miedos. Su lista quedó como sigue:

NEURAS	
SITUACIÓN	NIVEL DE ANSIEDAD (de 0 a 10)
Coger el coche	9
Ir en tren	8
Ir en metro	8
Ir en avión	10
Salir a la montaña	8
Estar solo	7
Estar desocupado	7
Estar solo y desocupado	10
Tristeza tras ver una película dramática	7
No dormir	8

Esta lista era un herramienta esencial porque tenía que exponerse a todos y cada uno de esos temores, de forma sistemática. Durante la terapia, a lo largo de unos ocho meses, añadimos más miedos que fueron saliendo a la luz.

Como veremos a continuación, para que la recuperación sea lo más rápida posible, es necesario ir a por todos los temores sin excepción. Y si podemos hacerlo de golpe, mucho mejor.

Yo recomiendo a todo el mundo que vaya actualizando la lista de sus neuras porque nos servirá para:

a) Programar las exposiciones de forma diaria.

b) Objetivar las neuras: saber que son humo y que su destino es ser eliminadas mediante la exposición.

Objetivar las neuras nos permitirá un mayor control de lo que nos está sucediendo. Y, efectivamente, tendremos que exponernos generosamente a cada una de ellas. Es importante no procrastinar, no dejarlas para mañana, no evitarlas, sino encararlas con decisión. Nuestro crecimiento personal depende de que seamos capaces de afrontarlas y deshacerlas. Todas.

La visualización del afrontamiento total

Existe un ejercicio de visualización muy recomendable que llamo «la imaginación del afrontamiento total». Consiste en visualizarnos afrontando todas las situaciones que nos producen temor, empezando por la más difícil. Podemos hacerlo tumbados en la cama, antes de levantarnos por la mañana, o paseando antes de entrar a trabajar.

Se trata de una revisión mental de los afrontamientos del día, la semana o el mes. Nos imaginamos las sensaciones de ansiedad, tristeza, pánico —o lo que sea— que vamos a soportar. E intentamos visualizarnos con plena aceptación, con rendición total.

Visualizar TODAS estas situaciones hace que la mente alcance un nivel de confianza elevado, ya que entiende que, dentro de poco, estaremos completamente bien. Es decir, que hay una solución completa.

Durante las visualizaciones, es común experimentar un momento de eureka, una experiencia de liberación total. Sin embargo, estos períodos de liberación no son definitivos porque con un ejercicio imaginativo no basta. De modo que tendremos que demostrar a nuestra mente *in situ*, de forma real, que estamos dispuestos a todo y que nuestro compromiso ante cualquier estado emocional es total. Pero esta experiencia de liberación nos servirá para comprender que la curación está cercana.

Recomiendo realizar esta visualización todos los días. A ser posible, a primerísima hora de la mañana, para empezar el día con la actitud mental correcta. De esta forma, planificaremos nuestras exposiciones con ambición.

EL ABISMO INEXISTENTE

En medio de un ataque, cuando las emociones negativas se desbordan, suele aparecer una sensación de abismo. Esto es, nos da la impresión de que las emociones negativas van a entrar en caída libre. Tememos que la ansiedad o la tristeza crezcan hasta volverse inaguantables.

Los pacientes lo describen más o menos con estas palabras: «Sentía que el malestar me iba a engullir completamente. Como si cayera en un vacío de ansiedad inmenso».

La buena noticia es que tal abismo no existe. Es sólo una falsa percepción. La realidad es que el malestar siempre se pasa. Y tiene un límite que es siempre soportable. Y si aprendemos a no tenerle miedo, simplemente, se desvanece.

A pesar de todo, es conveniente aceptar el reto y decir a

nuestra mente: «Vale, estoy dispuesto a llegar hasta el final. Si me muero o me vuelvo loco, lo acepto. Pero voy a jugar esta partida de principio a fin. Por mí y por los demás. Por toda la gente que ahora mismo tiene este problema emocional».

Sin duda, hay que plantearse lo peor (aunque sea una amenaza irreal) porque no nos podemos dejar amilanar por un chantaje como ése.

Que quede claro: no puede sucedernos nada. La ansiedad o la tristeza no han vuelto loco ni han matado a nadie. Millones de personas lo han comprobado ya. Pero, repito, para acallar esas amenazas, debemos decirnos: «Aunque sucediese todo eso, aunque acabe en un psiquiátrico o en la tumba, no daré mi brazo a torcer».

SER CONQUISTADORES DE NUESTRA PROPIA MENTE

Hay otro período de la historia que nos puede inspirar en nuestro trabajo conductual. Se trata de la increíble aventura de los conquistadores españoles de América. A partir del año 1500, miles de personas se embarcaron desde España a la conquista de un territorio nuevo. Hacían una peligrosísima travesía de un mes en precarios bergantines y luego se enfrentaban a vida o muerte con huestes de enemigos que los superaban de forma apabullante.

No creo que esos hombres fueran héroes y tampoco pienso que hicieran nada bueno. En mi opinión, no deberíamos celebrar sus gestas ni tener estatuas de sus protagonistas en ningún lugar, ya que practicaban una violencia atroz. No obstante, sus historias sí que sirven para constatar que el ser humano es capaz de dejar a un lado su instinto de supervivencia en favor de una idea, de un objetivo, que asume como bueno sin dudarlo.

Aquellos hombres —Hernán Cortes, Pedro de Alvarado, Francisco de Mondejo y demás— batallaron hasta encontrar una muerte que sabían muy probable. Dejaban su España natal en busca de gloria, riqueza y aventuras, conscientes de que quizá los esperaba la muerte, pero no dudaron ni un minuto en embarcarse en esa empresa. Antes de cada batalla importante, celebraban una misa. Nada más despertar, comulgaban y se encomendaban a Dios. Después iban a la guerra confiando en dar lo máximo y, si al final de la jornada se contaban entre los vivos, lo celebraban sabiendo que engrandecían su leyenda.

Todos nosotros podemos hacer como los conquistadores a la hora de afrontar la ansiedad o la tristeza: aceptar cualquier fin que nos depare el destino —con sosiego—, sabiendo que nuestra lucha es la más noble posible. Se trata de conquistar nuestras mentes, nuestra felicidad, para contribuir después a la felicidad de los demás.

Así, nos plantearemos esos escenarios que nos intimidan desde la rendición. Es decir, la aceptación de lo que tenga que venir. Y lo haremos con la confianza de que estamos en una batalla justa. Y sabiendo que podemos trascender todas esas emociones negativas con nuestra voluntad, nuestra aceptación radical.

Sí. Nosotros también moriremos, como los conquistadores que hoy figuran en los libros de historia, aunque nuestra lucha habrá sido mucho más hermosa. Y, como ellos, nosotros habremos recorrido territorios inexplorados, lugares yermos, y habremos sufrido alguna derrota, pero conseguiremos la victoria total al saber que estamos haciendo lo correcto.

En este capítulo hemos aprendido que:

- En la vida, todos tendremos que afrontar nuestros miedos.
- El aprendizaje conductual nos proporciona el mayor entrenamiento posible para la vida.
- Una vez entrenado, todo el mundo aprende a disfrutar más de todo.
- Tras haber vencido la ansiedad o el TOC, podemos comprometernos ante el resto de las emociones negativas que puedan aparecer en nuestra vida.
- Cuanto más intensamente nos expongamos, antes acabaremos, pues necesitamos determinadas «horas de vuelo».
- La lista de las neuras nos permitirá programar todas las situaciones de exposición.
- La ansiedad nos hace ver que hay un abismo: aceptemos el reto.
- Los conquistadores españoles arriesgaban su vida por la gloria: nosotros también.

12

Llevar la delantera

Muy pocos nos permitimos estar en una situación que no tenga ni la mínima posibilidad de una vía de salida, de un lugar al que escapar si nos vemos obligados.

PEMA CHÖDRÖN

En el momento de escribir este testimonio, Cristina tiene treinta hermosos años. Ha pasado un año desde la finalización de su terapia con una psicóloga de mi equipo de Madrid y, durante todo este tiempo, no sólo se ha visto libre de ansiedad, sino que se siente en el mejor período de su vida, llena de vitalidad y alegría. Cristina vivió con ansiedad y TOC casi una década hasta que consiguió liberarse de ambas.

Ésta es su historia:

Todo empezó hace nueve años, cuando tuve mi primer ataque de pánico. Tenía veintiún años. Recuerdo que me había ido a la cama y no podía dormir. Me había peleado con mi novio y estaba nerviosa, y como no podía dormir, me fui poniendo más nerviosa. Al día siguiente tenía que despertarme muy temprano y me agobié.

En un momento dado, el corazón se me puso a mil y la ca-

beza me bullía con miles de pensamientos de huida («¿Qué me está pasando? ¿Cómo puedo parar esto?»). Desperté a mi madre, pero ella tampoco sabía qué hacer conmigo. Recuerdo estar en la cama con un paño mojado en la cabeza y mi madre al lado a punto de llamar al médico de urgencias. Además del ataque de ansiedad, me rondaban ideas irracionales como «¿Y si me suicido?», «¿Y si me tiro por el balcón?». No sé si es muy normal, pero a mí me entró la ansiedad y el TOC al mismo tiempo.

Al final, mi madre me dio un tranquilizante, me calmé y me dormí. Pero al día siguiente estaba superasustada. «¿Qué me ha sucedido? ¿Me estaré volviendo loca?» ¡Ya me veía internada en un psiquiátrico de por vida! No sabía de nadie a quien le hubiera pasado algo así.

Mi madre me consiguió un psicólogo que me dijo que tenía TOC y me tranquilicé. Estuve un año con ese terapeuta, pero los pensamientos TOC no se iban. Le contaba cosas de mi niñez y eso me consolaba un poco, pero el problema seguía intacto.

Al final fui a un psiquiatra que me recetó un antidepresivo y ¡funcionó! De repente, ya no tenía TOC. Estaba supercontenta.

Al cabo de un año, quise dejar la medicación, pero me di cuenta de que no podía: cada vez que lo intentaba, regresaba el maldito TOC. Así que decidí recurrir a la terapia para no depender de las pastillas. Entonces fui a una psicóloga que sí me dio buenas herramientas. Y, de nuevo, me puse bien, ¡pero esta vez sin pastillas!

La terapeuta me enseñó a enfrentarme a todos mis temores: si me daba miedo quedarme sola, me quedaba horas y horas sola. Si tenía miedo al ir al gimnasio, iba cada día. Si tenía miedo de matarme, salía al balcón y miraba hacia abajo durante un buen rato...

Estuve cuatro años bien, pero hace dos reaparecieron los ataques de ansiedad. Sabía que había avanzado mucho, pero aún me faltaba el dominio total de mi mente asustadiza. Y decidí cambiar de psicólogo para acabar con mi aprendizaje y entonces encontré el equipo de Rafael.

En ese momento no tenía TOC. Eso ya estaba dominado. Los pensamientos no me daban miedo, así que no aparecían. Pero la ansiedad se presentaba en forma de unas taquicardias horribles.

No podía ir a trabajar porque las taquicardias me duraban las veinticuatro horas del día, siete días a la semana. No comía, dejé de ser yo y no tenía ganas de nada. Fue muy muy duro. Estaba bastante peor que con el TOC (por eso ahora creo que un trastorno de ansiedad es peor que el TOC).

Recuerdo que mi terapeuta, Silvia Tena, me decía que tenía que amistarme con la ansiedad. Y le pusimos un nombre: Ansi. Tenía que conocer a Ansi, hacerme amiga de Ansi, aceptar totalmente a Ansi. La verdad es que, como ya había superado el TOC, tenía mucho aprendido, pero me quedaba esa última lección: dejar de tener miedo a la ansiedad. Y puedo decir con orgullo que, al cabo de seis meses de terapia, ya estaba totalmente bien.

Ahora considero que he finalizado todo el proceso de dominio de mi mente y me siento genial. Ahora, simplemente, ¡no tengo miedo a nada! Mi mente es mi mejor amiga.

Si siento un poco de tristeza, la dejo estar y hago algo provechoso. Si me pongo nerviosa, no pasa nada: conozco tan bien esas sensaciones que no me causan la menor alteración. Son como un ligero picor en el brazo.

¡Y siempre tiene lugar el milagro: ni una sola de esas emociones crece! En minutos, se desvanecen. Hace más de un año que mi mente es serena y amorosa. No experimento ninguna turbulencia y lo mejor es que siento que será así para siempre.

Durante este año he tenido varias movidas: me caso dentro de unos meses; he comprado una casa y la hemos reformado de arriba abajo; estamos viviendo con unos familiares; he cambiado de trabajo... ¿Y? ¡Nada! Estoy llena de energía y poder.

Ahora soy capaz de ponerme en tercera persona siempre que lo necesito. Es decir, si me entra una mala sensación, la observo con tranquilidad y dejo que se disipe por sí sola. Sé que, dicho así, parece fácil, pero he tenido que trabajar muy duro para hacer este aprendizaje. En mi caso, he necesitado varios años de práctica, aunque también es cierto que tardé en encontrar el mejor método.

Lo fundamental es aprender a aceptar. Por ejemplo, en un momento dado, pensaba que sabía aceptar porque había superado el TOC y tenía práctica, pero me di cuenta de que había un nivel de aceptación mayor.

Cuando empecé a trabajar con Silvia, me daban esas taquicardias horribles y me decía: «Te acepto, Ansi, vamos a pasear juntas». Pero, en realidad, no las aceptaba del todo porque me ponía nerviosa y quería que se fuesen lo antes posible.

Sé que al que me lea le será difícil entender en qué consiste la aceptación total, pero a base de probar y probar, un día simplemente le saldrá. Eso sí: hay que comprometerse al cien por cien.

El trabajo de aceptación requiere un tiempo. No hay que tener prisa. Ya llegará. A las emociones negativas tenemos que decirles: «Vamos a hacer las cosas juntas durante un tiempo, el que haga falta». Y piensa que no se va a ir de un día para otro. Necesitas que pase mucho tiempo con plena aceptación.

Al inicio, afrontar cuesta muchísimo. Es algo bestial. No te atreves ni de coña. Pero se puede. Y pensemos que afrontar también es esencial, porque cada pequeño paso es un logro. Yo, por ejemplo, sentía el mareo y me preguntaba: «¿Cómo puedo exponerme más a esto?». Y se me ocurría, por ejemplo, irme a caminar «con el mareo». Entonces me venía el temor: «¿Y si me caigo?». Y la respuesta estaba clara: «¡Vale, pues si me caigo, me caigo! Tengo que aceptarlo todo».

Es increíble, pero así se elimina la ansiedad para siempre. No lo dudes ni un segundo. ¡Vamos allá!

PLANIFICAR EL AFRONTAMIENTO

Otro concepto importante en psicología conductual es lo que podría llamarse «llevar la delantera». Consiste en no esperar pasivamente a que llegue el malestar, sino en ir a buscarlo activamente y aumentarlo, para indicar a esa parte infantil de nuestra mente que ya no le tenemos miedo. Y hacerlo todos los días: ir a por él a toda marcha.

En el caso del trastorno obsesivo, la conveniencia de llevar la delantera se comprende con especial claridad. En estos casos, es esencial provocarnos activamente los pensamientos que nos trastornan, todos los días, con la máxima intensidad.

Pongamos, por ejemplo, el caso de Isabel, la chica de treinta y cinco años que tenía miedo a infectarse con cualquier cosa, ya fuera el polvo del suelo, cualquier manchita en el sofá e incluso ¡sus propias heces al ir al baño!

Isabel se duchaba varias veces al día durante media hora cada vez y limpiaba continuamente todas las superficies de su

casa con desinfectante. Para ella, defecar era un suplicio: tenía que limpiarse el trasero con varias toallitas húmedas, desin-
fectar el inodoro con lejía, lavarse las manos y después darse
una larga ducha. Y aun así no se quedaba tranquila. Su novio,
que vivía con ella, también tenía que seguir este ritual. Por
supuesto, la relación pendía de un hilo. Recuerdo que Isabel
evitaba hacer de vientre y lograba aguantar dos o tres días,
aunque le dolía mucho el estómago.

La terapia consistió en hacer varias veces al día lo siguiente y en el orden en que aparecen:

- Tocar el inodoro.
- Sin lavarse, sentarse en el salón de su casa (en su mente,
  suponía infectar el sofá y el comedor).
- Juntar las palmas de las manos, frotarlas bien y pasárse-
  las por la cara.
- Y, con esas manos «infectadas», comer una galleta.

Con el resto de los «peligros microbianos» hicimos algo
parecido. Las primeras veces, Isabel hacía las tareas conduc-
tuales llorando desconsolada y se quedaba hecha polvo durante horas. Sin embargo, en muy pocas semanas, la obsesión
de los gérmenes ya había disminuido en un 70 %.

En el trastorno obsesivo solemos llevar a cabo dos tipos
de exposición:

a) Exposición programada: todos los días, en varias
ocasiones, convocamos a las obsesiones. A ser posible, a la misma hora. Unas veces se trata sólo de
pensar en las amenazas hasta provocarse ansiedad;

otras, de incurrir en conductas «peligro», como tocar presuntos gérmenes.

b) *Exposición espontánea*: cuando la obsesión sorprende a la persona a lo largo del día, tiene que aumentarla; imaginar todo lo peor que pueda suceder y llevar a cabo más conductas «peligro». Por ejemplo, en el caso de Isabel, tocar más la suciedad y pensar que los gérmenes están invadiendo su cuerpo, que contrae enfermedades brutales y, finalmente, muere.

El concepto «llevar la delantera» implica que no esperamos a que la emoción negativa nos sorprenda —exposición espontánea—, sino que también vamos a buscar activamente la ansiedad. Y lo hacemos con generosidad. Todos los días. Esta actitud de entreno constante es lo que marca la diferencia. De lo contrario, se avanza tan poco que es muy difícil conseguir la desensibilización que buscamos.

Siguiendo el símil de la cloaca, es como si erróneamente acudiésemos a las cloacas sólo una vez a la semana o una vez al mes. Esa exposición no sería suficiente para desarrollar la insensibilización al mal olor: es necesario ir todos los días. Ésta es la manera correcta de afrontar.

EXPOSICIÓN MUY INTENSA

Otra consideración a tener en cuenta es que la exposición ha de ser muy intensa. Antes he mencionado el caso de Patricio, el joven que tenía la obsesión de maltratar a niños pequeños.

Durante muchos años, Patricio estuvo trabajando con diferentes psicólogos, pero sólo prosperó cuando se decidió a hacer la terapia por su cuenta. Y hacerla de forma «brutal», como él mismo dice.

Patricio acudía todos los días a parques y se imaginaba a sí mismo golpeando a niños pequeños, matándolos incluso. Eso le generaba tanto malestar que llegaba a vomitar, pero sabía que tenía que alcanzar ese nivel de exposición si quería tener éxito. A partir de esas exposiciones tan intensas, empezó a experimentar una rápida mejoría.

Muchos de mis pacientes han vivido una experiencia semejante. Durante la terapia los conminaba a practicar la exposición diaria, de forma intensa, tal como explico aquí. Sin embargo, después de unos pocos meses de avances, se quedaban estancados en una mejora de alrededor del 60-70 %. Algo les impedía progresar más. Lo que sucedía era que, en realidad, no estaban dándolo todo, si bien, curiosamente, ni ellos mismos se daban cuenta.

Siempre les acabo indicando algo así:

—Tienes que aumentar la intensidad de la exposición.

—Pero si ya la hago a tope. No se me ocurre nada para aumentarla —se quejan.

—Claro que sí. Ya se te ocurrirá algo. «Tírate por el terraplén.» No lo dudes. Ésa es la solución —concluyo.

Y en todos los casos, ésa es la solución. En cuanto aumentan la intensidad de la exposición, empiezan a progresar por encima de ese 70 %, y al cabo de pocos meses se colocan en el 90-95 % de mejora, y todo gracias a que descubren una forma más intensa de trabajar.

—Rafael, tenías razón —me suelen decir entonces—.

Ahora ya hago las tareas como Dios manda. Lo doy todo y
¡que sea lo que Dios quiera! —suelen exclamar con una sonrisa en la boca.

EXPOSICIÓN CONCENTRADA

Por lo tanto, la exposición ha de ser muy intensa. Y, claro,
tener fe en que ése es el camino hacia la curación. Para captar
esa necesidad de intensidad, podemos pensar en el ejemplo
de las modernas terapias superintensivas.

En los últimos años han surgido métodos de terapia su-
perintensiva que han tenido mucho éxito, como el que lleva a
cabo el grupo Bergen, en Noruega. Los psicólogos del método Bergen trabajan con pequeños grupos de pacientes, que
afrontan el TOC durante cuatro días de exposición continua,
en las instalaciones del Hospital Universitario de Haukeland.

Así pues, durante cuatro días enteros, los pacientes se
exponen a sus peores síntomas de manera ininterrumpida.
Generalmente, se trata de grupos de cuatro a seis pacientes
en los que se asigna un terapeuta por persona. Juntos, paciente y terapeuta, desarrollan un programa de dedicación completa al trabajo conductual.

Y los resultados son excelentes. La respuesta es favorable
en el 90 % de los casos, y el 68 % de los pacientes salen del
retiro totalmente curados. Y según los estudios de seguimien-
to, la mejora se mantiene por lo menos hasta cuatro años
después, lo cual nos demuestra, una vez más, que cuanta más
intensidad apliquemos al método, mejor.

En un reciente reportaje para el canal de televisión norue-

go NRK, uno de los pacientes del método Bergen, un hombre
de más de setenta años, explicaba lo siguiente:

*He estado encerrado en la prisión del TOC durante sesenta
años. Es fuerte decirlo, pero he estado atrapado dentro de los
pensamientos obsesivos la mayor parte de mi existencia. Me ha
quitado mucho. Si no hacía las cosas de determinada manera,
pensaba que sucedería algo malo. Tenía que cruzar el dintel de
las puertas pisando de determinada forma, abrir las botellas con
cierto gesto, evitar pisar las tapas de las alcantarillas y mil manías más. Por ejemplo, podía pasarme media hora para cerrar
una botella: tenía que meter el tapón un número de veces determinado hasta sentir que se cerraba bien, de lo contrario, mi
mente me decía que ocurriría una desgracia. Sabía que era una
superstición absurda, pero, si no lo hacía, me quedaba mal y
dándole al coco todo el día. La ansiedad se me hacía insoportable. Un horror.*

Después del tratamiento intensivo de cuatro días, este
paciente, ya totalmente curado, afirma en el vídeo:

*¡Ya puedo ir a una tienda, entrar y salir por la puerta nor-
malmente! ¡O pisar una alcantarilla! ¡O hacer todo lo que de-
see con normalidad! TODO. ¡He escapado de la prisión!*

Se puede ver el vídeo de la entrevista en YouTube con la
búsqueda «The Bergen 4-Day Treatment for Obsessive-
Compulsive Disorder (OCD)» o en la siguiente dirección:
<https://www.YouTube.com/watch?v=j43bPAKyZF>.
El método Bergen —que ha sido aplicado a más de dos

mil personas— nos enseña que la terapia conductual, además de ser la más efectiva, tiene que ser muy intensa para garantizar los mejores resultados. Y, por supuesto, podemos autoaplicárnosla atendiendo a los mismos principios que estamos aprendiendo aquí, siempre y cuando no nos olvidemos de imprimir la mayor intensidad posible.

EL TERRAPLÉN

Otra de las estrategias mentales que empleo con los pacientes es la de «tirarse por el terraplén». Se trata de adquirir impulso para afrontar lo que temen. «Tirarse por el terraplén» es una imagen que indica que deben:

• Dejar de pensar, de dar vueltas al tema.
• Ir hacia lo peor que imaginan.
• Hacerlo ya mismo.

Recuerdo a una paciente llamada Ada. Tenía veintiocho años. Estaba casada y tenía un niño de tres años. Era una chica muy guapa de ascendencia árabe. Su problema era que le había cogido miedo a tragar. En una ocasión se había atragantado y la sensación de ahogamiento la había traumatizado.

Desde hacía cinco años, Ada no comía nada sólido, sólo purés y líquidos. Incluso deshacía los purés en la boca para tragarlos muy despacio y con el máximo cuidado. A causa de la falta de uso, había perdido ya bastantes dientes.

Nadie sabía que tenía ese problema, ni siquiera su madre y su marido, así que inventaba toda clase de excusas para no comer normalmente. En las comidas familiares lo pasaba fatal ante la insistencia de todos.

A Ada le costaba horrores exponerse a comer un plátano o un bocadillo. En las sesiones, la tenía enfrente una y otra vez, con el plátano en la mano y un trozo en la boca, incapaz de tragarlo. Masticaba y masticaba, y allí estábamos larguísimos minutos: ella rumiando la comida y yo animándola a tragar. Cuando le hablaba, ella miraba hacia los lados y hacia arriba, y yo notaba que su mente no paraba de pensar. Su cabeza libraba un combate brutal. Yo le decía:

—Ada, ¡traga de una vez! No pienses más y traga.

Ella me miraba un momento y enseguida desviaba la mirada hacia los lados y arriba, para no enfrentarse a mi insistencia. Al cabo de un rato de bregar con ella, tragaba el pedacito de plátano totalmente machacado, con lo cual no era una exposición muy buena.

—Ada, por favor, tienes que tragarlo enseguida —le decía yo—. Vamos a comernos un plátano rápido y que sea lo que Dios quiera. Tienes que tirarte al terraplén sin pensar. Si das tiempo a tu mente para pensar, te la lía.

Ada ha sido una de las pacientes más difíciles que he tenido. Al final, lo consiguió, pero pasó muchos meses luchando contra su propia mente porque no se tiraba por el terraplén.

No es nada raro que una persona se pase muchos meses sin avanzar en la terapia, agazapada detrás de una actitud de «estudio», de esperar a estar mejor preparada. Vienen semana tras semana sin hacer los deberes, con una excusa diferente cada vez, esperando acumular suficiente coraje para iniciar la exposición. Es evidente que eso es procrastinar, evitar. Pero hay que empezar lo antes posible, aunque no se sepa hacerlo bien. Hay que tirarse por el terraplén. Aunque parezca absurdo, la solución pasa por ahí.

Precisamente los pacientes a los que les cuesta tanto arrancar son los que después sienten como más milagrosa su curación. Se quedan muy sorprendidos al ver que han recuperado la salud mental del todo, sin fármacos y por ellos mismos. Al término de la terapia se suelen mostrar entusiasmados.

—¡Es alucinante! —suelen decir—. ¡Es como si hubiese sucedido un milagro! La ansiedad simplemente ya no está.

Así es la terapia conductual, tal como han comprobado cientos de miles de personas. ¿Vamos a ser diferentes nosotros? ¡Claro que no! ¡Adelante!

En este capítulo hemos aprendido que:

- Llevar la delantera es una estrategia que implica ir a buscar la ansiedad todos los días; afrontar programando exposiciones voluntarias.
- Para que funcione, la terapia necesita una exposición radical, lo más intensa posible.
- En muchas ocasiones, tendremos que tirarnos por el terraplén: lanzarnos a la exposición sin pensar, suceda lo que suceda.

13

Casos extraordinarios

> A menudo, sentimos que hay un proble-
> ma que tenemos que arreglar. La instrucción
> es detenernos. Hacer algo que no nos sea fami-
> liar. Hacer cualquier cosa aparte de salir corrien-
> do en la vieja dirección, de practicar los viejos
> trucos.
>
> PEMA CHÖDRÖN

Previamente, hablé de los *coaches* para superar ataques de ansiedad o trastornos obsesivos. Son exsufridores que encontraron su propio camino de salida y ahora ayudan a otros a recorrerlo. Los hay mejores y peores, pero en conjunto llevan a cabo una buena labor. El solo hecho de poner la experiencia de uno a disposición de muchos es ya una gran contribución.

Uno de los más conocidos en el mundo anglosajón se llama Charles Linden, quien vende por internet su propio programa conductual y tiene mucho éxito. Su método es el mismo que manejamos nosotros, o sea, el método conductual. Y aunque Linden no aporta nada nuevo, el relato de su experiencia es realmente aleccionador. Linden llegó a grandes extremos de invalidez emocional y, sólo por eso, es un magnífico ejemplo de transformación, porque demuestra que todos podemos sanar con independencia de lo florida que sea nuestra situación.

Este británico —que tiene mi misma edad, por cierto— padeció un trastorno muy severo que empezó en la niñez de una forma leve y alcanzó proporciones enormes a los veinticinco años, con síntomas poco menos que salvajes.

Charles se describe a sí mismo, en el momento álgido de su problemática, de la siguiente forma:

Cada dos por tres sentía un fortísimo dolor en el pecho y mareos que me dejaban alelado, y sufría una especie de desorientación y temblores en todo el cuerpo. Y todas esas sensaciones me podían durar varias horas, incluso días.

Por si fuera poco, también tenía pensamientos obsesivos relacionados con la salud: que si me estaba muriendo de cáncer, del sida, por problemas cardíacos, etc. Cada día temía haber contraído una enfermedad mortal diferente.

Y eso no es todo. También sentía un raro entumecimiento en el lado derecho de la cara que me hacía babear por la comisura de la boca. Además, me dolían horrores la espalda, el cuello y los hombros.

Y, por supuesto, también tenía ansiedad. Hasta entonces, había tenido ansiedad generalizada, pero a los veinticinco la cosa derivó en fuertes ataques de ansiedad.

Así que mi cuadro, a los veinticinco años, era el siguiente:

a) Dolor en el pecho constante y brutal.
b) Mareos.
c) Ataques de pánico.

d) Hipocondría.
e) Fuertes dolores musculares.
f) Parálisis facial.

Al cabo de un año o dos, ¡bum!, se incrementaron los pensamientos obsesivos. Y pasaron a ser tremendos. Por ejemplo, los relacionados con la muerte. ¡No podía desprenderme de ellos! Estaban ahí desde que me despertaba por la mañana hasta que me iba a la cama por la noche.

Además me imaginaba encuentros sexuales y agresivos con gente que conocía, familiares o compañeros de clase. Cuando pasaba por delante de un cuchillo de cocina, me imaginaba apuñalando a alguien o a mí mismo.

Llegó un momento en que tomaba unas ocho pastillas tranquilizantes de 5 miligramos al día. O sea, ¡muchísimo! Además de dos antidepresivos: Prozac y Stelazine. Sin embargo, aunque me dopaba con todo eso, mi vida era igualmente insoportable. Era evidente que las pastillas no me ayudaban: en realidad, unas pretendían aplacar las malas sensaciones que me provocaban las otras.

Me fui volviendo más y más agorafóbico: no quería salir de casa para nada. Y cuando lo hacía, me sentía mucho peor. ¡Era insoportable! Me aterrorizaba ir a la tienda de la esquina, que estaba sólo a veinte metros. ¡¿En qué clase de persona permanentemente atemorizada me había convertido?!

Hasta que un buen día ya no me vi capaz de ir a estudiar a la universidad ni tampoco a trabajar, así que me quedaba todo el día encerrado en casa. De todas formas, estaba tan desquiciado que lo último que deseaba era salir.

Muchas veces me entraba una increíble sensación de asfixia, como si me apretasen la garganta para ahogarme. Otras, me pasaba horas sentado tocándome el pelo con los dedos, cosa que por lo menos me hacía sentir vivo.

Llamaba día y noche al médico del centro de atención primaria. Acabaron hartos de mí. Me sentía muy tonto llamando tanto, pero era mi desesperación la que me empujaba a hacerlo. Conscientemente, sabía que me estaba comportando de manera irracional, pero no podía dejar de hacerlo.

Recuerdo estar varias horas de pie frente a la ventana por las mañanas, aferrándome al marco. Me daba la sensación de que, si me soltaba, me podría dar un colapso. Mientras tanto, seguía llamando al centro de atención primaria implorando ayuda, porque no me permitían ir a visitarlos.

Aparecí una vez por allí, sin llamar antes, y me dijeron que me fuera. Me sentí como un leproso. Nadie parecía querer ayudarme.

También llamaba continuamente a mi novia al trabajo. Hasta diez veces al día. Se estaba volviendo loca porque se veía incapaz de ayudarme. Yo tenía miedo a perderla, pero seguía haciendo estupideces que habrían podido separarla de mí. Me sentía tan impotente...

Luego llegó la desrealización, la impresión de que todo lo que te rodea no es real, como si estuvieras viviendo un sueño. A veces ni siquiera me reconocía frente al espejo. Tenía la extraña sensación de que mi mente había abandonado mi cabeza y estaba flotando delante de mí. Los ojos me quemaban porque se estaban volviendo cada vez más sensibles a la luz. Por la noche me tumbaba despierto mirando al vacío, e incluso cuando tenía los ojos cerrados, era como si estuviera mirando. ¡Qué sensación tan horrible! Al poco de acostarme y empezar a dormir, me despertaba chillando. Recuerdo que me preguntaba continuamente: «¿Qué demonios me está causando esto?».

Mi novia fue un ángel. Podría haberme dejado, pero se quedó a mi lado y me tranquilizó noche tras noche. Me arrastraba hasta el cuarto de baño cuando el dolor del pecho era insoportable y sentía que el corazón se estaba rindiendo. Me quedaba de pie, a veces durante horas, apoyándome con las manos en la pila, tirándome agua fría en la cara, mirando en el espejo sin reconocer a la persona que me devolvía la mirada: una persona con la piel gris, con la cuenca de los ojos hueca, los labios azules, sudando y temblando mientras jadeaba buscando aliento.

Era ansiedad extrema. Nunca antes había experimentado algo así.

Mi novia llegaba a casa por la noche y me levantaba del sofá o del suelo. Yo a duras penas me mantenía en pie. Si conseguíamos salir, dábamos un paseo por el jardín, yo agarrado a ella, casi sin poder respirar. Incluso para recorrer el pasillo desde la habitación hasta el baño, tenía que apoyarme contra la pared.

Durante las largas horas que me quedaba solo en casa, temía no poder moverme del salón hasta que mi novia regresara del trabajo. Preparar comida en la cocina me daba demasiado miedo como para intentarlo: si me caía o me daba un ataque de pánico, estaría demasiado lejos del teléfono para pedir ayuda.

Traté de salir de casa en varias ocasiones, pero, a menos que fuera con alguien, me resultaba casi imposible. Una vez fui a la tienda de la esquina, pero tuve que llamar a mi novia para que viniera a recogerme: me había quedado bloqueado en la tienda, paralizado de miedo. El resto de los clientes debían de pensar que estaba completamente loco. ¡Pero los sentimientos eran tan intensos...! ¡Los dolores de pecho y los espasmos tan reales...!

Para mí era habitual experimentar pánico durante la noche, así que dormía sólo tres o cuatro horas en promedio. Eran verdaderos «ataques nocturnos»: me despertaba de sopetón, con el corazón acelerado a lo bestia, como si fuera un tren de vapor. Una experiencia aterradora, aunque ahora sé que del todo inofensiva.

Todo aquello ya forma parte del pasado. Estoy completamente curado y me dedico profesionalmente a ayudar a otros a salir de esa pesadilla. He ayudado ya a miles de personas, entre ellas, decenas de personajes famosos, actores y grandes empresarios, que son los mejores embajadores de mi método.

Charles experimentó un cuadro muy severo, una combinación de los dos problemas que tratamos aquí, ataques de ansiedad y obsesiones, pero con un trabajo decidido y profundo se curó. Y lo hizo solo. Su experiencia personal ha servido de modelo para muchos otros.

El caso de Charles Linden nos enseña que:

a) Los problemas nerviosos pueden ser muy variados y hacernos la vida extremadamente difícil, pero hay una salida para todos y cada uno de ellos.

b) Si Charles se recuperó por completo, todos podemos hacerlo.

He visto decenas de casos tan invalidantes como el que acabamos de describir. Y es que la ansiedad, una vez descontrolada, puede provocar síntomas sorprendentes. Pero lo esencial es saber que no importa cuán exageradas sean las sensaciones que experimentamos, porque todas desaparecerán con el trabajo conductual adecuado. Son sólo humo. No dejemos que nos asusten.

Tampoco importa cuánto tiempo llevemos soportándolas. Podrían ser cincuenta o sesenta años. He sido testigo directo de docenas de casos de ansiedad así de antiguos que se han curado con el trabajo correcto.

Con el método adecuado, eliminaremos todas las neuras para siempre. La liberación, el inicio de una nueva vida, nos está esperando.

En este capítulo hemos aprendido que:

- Los síntomas neuróticos pueden ser sorprendentemente fuertes, hasta hacer la vida casi insoportable.
- Por fuertes que sean, los síntomas se pueden revertir, como demostró Charles Linden.
- No importa cuánto tiempo hemos padecido un trastorno. Su curación funciona igual.

14

La fe (II parte)

> Se trata de llegar a conocer el miedo, de fami-
> liarizarnos con él, de mirarlo directamente a los
> ojos. La verdad es que, cuando realmente co-
> mencemos a hacerlo, nos encontraremos con
> que somos humillados continuamente.
>
> PEMA CHÖDRÖN

Antonio me contactó por Instagram. Había visto una de mis charlas online sobre el trastorno obsesivo y me dijo:

—Rafael, yo también sufrí un TOC y lo resolví. Me encantaría dar testimonio.

—¿Sí? ¡Muchas gracias! Ya sabes que los testimonios son muy importantes porque ayudan a desarrollar fe en el sistema. ¿De dónde eres? —pregunté.

—De Ciudad de México.

—¿Y cómo estás ahora?

—Genial. Estoy al 99 % bien. A veces tengo un pensamiento fugaz, pero ya no me molesta. Y se va en décimas de segundo.

Antonio tenía entonces treinta años y me pareció una gran persona: amable, sensible e inteligente. Enseguida organizamos una serie de conversaciones por Instagram, que están colgadas en mi canal de YouTube.

A raíz de estas charlas, hemos entablado una hermosa amistad y, en un momento dado, Antonio me cedió este relato en el que explica su historia de superación.

Si sólo pudiese decir una cosa en esta carta sería ésta: «Amigos, SÍ pueden recuperarse. Y no sólo eso: incluso salir mejorados del proceso».

Por favor, no dejen que el TOC les siga arrebatando años preciosos de su vida que no regresarán. ¡Ánimo y manos a la obra!

Recuerdo que desde la adolescencia ya tenía algunas conductas TOC, como lavarme demasiado las manos, decir palabras en voz alta sin ningún sentido, pensamientos irracionales e intrusivos, etc., aunque era poca cosa y yo, en general, era un muchacho feliz y productivo.

Pero cuando entré en la universidad, el TOC se recrudeció y mi vida dio un giro de 180 grados. ¡Para mal, claro!

Pasé de ser feliz a lo contrario: recluirme en mi casa por miedo a mis pensamientos, sensaciones y emociones. Recuerdo que estaba todo el día lleno de ansiedad y mal humor.

Asistía a las clases con mucho esfuerzo porque no tenía fuerzas ni motivación. Recluido en casa de mi abuela, sin querer ver a nadie, dejé de tener comunicación con los demás. Mis sueños y metas se alejaban cada vez más y terminé cuestionándome si valía la pena seguir vivo. El sufrimiento era grande y mi vida dejó de tener un sentido para levantarme por las mañanas.

Mis padres me llevaron a visitar muchos médicos, tomé distintas medicinas e hice varias modalidades de terapia, pero sin apreciar un beneficio real.

Incluso viajé a Estados Unidos para asistir a dos programas intensivos especializados en TOC, en Chicago y en Houston. Estuve varios meses en cada lugar. Hoy me doy cuenta de que boicoteé ambos tratamientos porque, simplemente, todavía no estaba listo para enfrentarme a la ansiedad.

Cuando regresé a México, traía en la cabeza el plan de someterme a una cirugía cerebral llamada «estimulación profunda cerebral», la cual, en teoría, podría ayudarme a reducir los síntomas y, según se decía, «regularizar la carga energética de mi cerebro». En noviembre de 2009 me operaron. Recuerdo que, cuando desperté en la sala de recuperación, sentí una gran desesperación porque, al poco de abrir los ojos, volví a sentir los síntomas de la ansiedad. En ese momento supe que la cirugía había sido en vano.

Después de ese duro golpe me di cuenta de que la magia no existe y que no habría doctor, tratamiento o medicina en el mundo que pudiera salvarme.

Aun así, por increíble que parezca, en vez de hundirme totalmente, tomé la contundente decisión de que leería, trabajaría, me esforzaría y haría TODO LO QUE FUESE NECESARIO para recuperarme y volver a gozar de la vida. Sin más: iba a darlo todo, costara lo que costase; incluso si con ello me iba la muerte.

Así lo hice y así lo logré.

Actualmente estoy genial gracias a la terapia cognitiva-conductual y, en concreto, a la exposición con prevención de respuesta.

Comprobé que exponiéndome INTENSAMENTE y CONSTANTEMENTE a mis miedos —o a la ansiedad— me iba curando.

Aprendí a dejar de compulsionar por completo, entendí

realmente los mecanismos del TOC y pude hacer la transformación que con tanta desesperación anhelé.

Desde el momento en que comprendí cómo debía hacer la exposición y me puse manos a la obra, me tomó dos años alcanzar el 100 % de recuperación.

El trabajo que se tiene que hacer es difícil —incluso puede llegar a ser extenuante—, pero te quiero decir a ti, lector, que si llevas a cabo una acción masiva en pos de tu recuperación ganarás una fortaleza emocional increíble y saldrás con una resiliencia que muy pocas personas tienen, valorarás mucho más lo que realmente es importante y, sobre todo, volverás a disfrutar de la vida, recuperarás tu felicidad y tu paz mental.

Las claves de mi trabajo fueron:

- Exponerme todos los días —por lo menos cuarenta y cinco minutos— a los pensamientos intrusivos sin compulsionar, soportando la duda y la incertidumbre.
- Leer mucho del tema para conocer los mecanismos y empezar a trabajar arduamente en mi recuperación.
- Tener mucha fe en el proceso.
- Levantarme cada vez que me caía.
- Ayudarme con frases anclas en momentos de flaqueza o debilidad emocional.

Quiero terminar este testimonio exponiendo tres creencias que, una vez comprendidas, pueden ser las que cambien el juego completamente:

1. Nadie te va a venir a salvar. Sólo tú puedes hacerlo.
2. No quieras seguir viendo la vida pasar como un especta-

dor sin tener ningún protagonismo sobre ella: ¡tú eres el protagonista de tu vida!

3. *Debes elegir entre tu vida o continuar encadenado al TOC. Es una decisión a muerte y tiene que ser definitiva.*

Si me preguntan si ha sido duro, responderé que ¡por supuesto! Es lo más difícil que he hecho y, seguramente, que haré jamás. Pero cada segundo de esos dos largos años que estuve batallando ha valido la pena. Hoy me siento superorgulloso y, sobre todo, increíblemente libre y feliz.

SEGUIR PESE A TODO

Como ya hemos visto, la fe es una habilidad absolutamente necesaria para realizar nuestro trabajo, y es tan importante que conviene ahondar en el tema.

Para tener éxito en este trabajo, tendremos que aprender a movilizar cantidades ingentes de un tipo de perseverancia especial. Las personas que no han superado un trastorno emocional nunca desarrollarán tanta determinación, porque esta fuerza de voluntad se encontrará con la oposición de nuestra propia mente infantil, y eso implica el ejercicio de fortaleza más elevado que existe.

Recordemos en qué consiste tener fe como habilidad emocional. Se trata de apostar totalmente por algo aunque no lo tengamos claro, aunque dudemos todo el tiempo. Fe es seguir, día tras día, esfuerzo tras esfuerzo, y aprender a acallar la mente cuando se queje y nos reclame: «¡Dios, todo este sufrimiento no está sirviendo para nada!».

El tratamiento conductual requiere más fe que ningún otro esfuerzo que yo conozca. Mucho más que ser atleta olímpico o estudiante de Medicina. Porque una parte de nuestra mente se va a poner en nuestra contra. No sólo va a dudar del éxito, sino que además va a intentar convencernos de que estamos empeorando, que vamos hacia el desastre.

Pero, atención, pese a todo, se trata de un aprendizaje maravilloso porque empodera como ninguna otra actividad. Después de haberlo realizado, ¿qué nos podrá detener en la vida? Nada.

En una ocasión conocí a una política española, una exministra. Una persona increíblemente brillante, inteligente, megatrabajadora y capaz. Y, sobre todo, muy buena persona. Llamémosla Ana.

Un día charlábamos frente a un café y, para mi sorpresa, me confesó que, hacia los veinte años, había sufrido ataques de ansiedad. Su madre había tenido un accidente gravísimo y, durante aquellas semanas en que se debatía entre la vida y la muerte, Ana soportó mucho estrés y, en un momento dado, la invadieron unas sensaciones exageradas de mareo. En poco tiempo, derivaron en un trastorno de pánico. A partir de entonces, el mareo la visitaba todos los días junto con una enorme ansiedad. Ana empezó a evitar el coche, quedarse sola, viajar en tren, etc. En pocos meses, aquello se había convertido en un feísimo acompañante en su vida. De forma intuitiva, se dio cuenta de que tenía que exponerse para superar esa extraña maldición. Y así lo hizo.

Tras explicarme todos los detalles de su trastorno y su autocuración, añadió:

—Después de aquello, nada me ha vuelto a dar miedo. Sé que nada me puede detener en lo que me proponga.

—¡Qué bueno! Fue una grandísima lección de control emocional, ¿verdad? —pregunté.

—Tú dirás. Piensa que mi tratamiento consistió en todo un año de exponerme cada día. Fue como un supermáster: el mejor entrenamiento del mundo.

En la actualidad, Ana vive una vida plena, feliz y llena de sentido. Su ejemplo nos confirma que este aprendizaje no tiene precio. Sé que no le ha contado esta historia a casi nadie y, sin embargo, estoy convencido de que ése es el secreto de su fortaleza y alegría inquebrantables.

Como un milagro

Es curioso que muchos pacientes empleen la palabra «milagro» para describir la experiencia de cambio que viven con este aprendizaje. Pero ¿por qué hablan de «milagro», si el trabajo conductual no tiene nada de paranormal?

La respuesta es que, cuando la ansiedad o las obsesiones desaparecen, la persona suele vivenciarlo con sorpresa. Porque, de repente, ¡los síntomas se van!, y queda en su lugar una mente clara, hermosa, alegre, llena de fuerza y energía. Y no sólo la mente se energiza: ¡también el cuerpo!

Es extraño. Es como si estuviese diluviando, cayendo rayos y truenos, y el cielo se pusiera automáticamente azul, despejado y brillante. ¡En un abrir y cerrar de ojos! Sin rastro de lluvia. En absoluto.

El cambio es tan radical que se vive como algo extrañamente milagroso. Y una bendición, claro está.

Desde un punto clínico, eso nos demuestra que los trastornos de ansiedad y las obsesiones son todo sugestiones que produce nuestra mente, al menos en un porcentaje abrumador del 95 %. Puede que haya algo fisiológico que lo facilite, pero se trata de una sensación casi imperceptible, que nosotros amplificamos de manera exagerada, como vimos en el capítulo 2: «El mecanismo de la neura».

Por lo tanto, es esencial que:

a) Desarrollemos fe
b) y esperemos el milagro.

Así lo han hecho cientos de miles de personas. Y nosotros no nos vamos a quedar atrás. ¿O pensamos permitirlo?

LA CUESTIÓN ES HACERLO

Superar un trastorno de ansiedad o un TOC puede ser una de las tareas más difíciles que existen para un ser humano. Y, por eso mismo, es la práctica más poderosa en el mundo del crecimiento personal. Después de recorrer este camino, seremos personas distintas, de una madurez especial, rebosantes de felicidad y amor.

Sin embargo, una de las principales dificultades de este maravilloso trabajo es que, en muchas ocasiones, no sabremos cómo actuar. No sabremos si lo estamos haciendo bien o mal. O, directamente, no sabremos siquiera por dónde empezar.

Es esencial ser conscientes de que este sentimiento es normal, dado que forma parte del aprendizaje. Pero hay que continuar, sea como sea.

Los cuatro pasos son el faro al que dirigirse, aunque habrá momentos en que el barco vaya a la deriva o eso nos parezca. No tengamos miedo a equivocarnos. Sí, nos equivocaremos, pero seguiremos avanzando. Todo el mundo pasa por algo así.

En este capítulo hemos aprendido que:

- Actuar con fe es una habilidad que, si la aprendemos, nos hará superfuertes.
- Tengamos confianza en que el cambio llegará y será sorprendente como un milagro.
- Hemos de hacer este trabajo porque, en realidad, no hay alternativa.
- No es necesario hacerlo bien. Empecemos y ya encontraremos el camino.

15

Ponerse peor para ponerse mejor

> Sólo estando dispuestos a exponernos, una y
> otra vez, a la aniquilación personal, podremos
> descubrir nuestra mente indestructible.
>
> PEMA CHÖDRÖN

Humberto es pediatra en Asunción, Paraguay. Tiene treinta y
tres años, está felizmente casado y tiene dos niños pequeños
preciosos.

Hace un tiempo, se puso en contacto conmigo a través
de las redes sociales porque tenía un trastorno de ataques de
pánico y un TOC. La ansiedad le había empezado de joven y
había lidiado con ella como había podido, pero no se sentía
nada bien.

Durante los últimos ocho años había tomado un antidepresivo, sertralina, y le había funcionado, pero en un momento dado dejó de hacerlo. Había leído mis libros y me pedía
consejo para llevar a cabo el trabajo de afrontamiento porque
quería acabar con todo aquello definitivamente. Lo guie a
través de mensajes de texto.

Ahora mismo está al 90 % de su curación total y ya se
siente otra persona. En sólo unos meses, su vida se ha transformado del todo.

Éste es el relato de su historia de autocuración:

Me crie en una familia de clase media. Mi padre era bastante autoritario y mi madre muy perfeccionista. Ambos tenían rasgos hiperansiosos.

A los diez años tuve mi primer ataque de pánico. Me llevaron al servicio de urgencias, me hicieron pruebas y me dijeron que estaba todo bien. Lo peor del asunto es que les dijeron a mis padres que era un niño manipulador y que necesitaba ser tratado con más dureza. ¡Lo que me faltaba! Pero de alguna forma —¡no por la dureza!— la ansiedad se calmó.

Y a los dieciséis años volvieron los ataques de pánico, pero esta vez acompañados de los síntomas más temidos por los ansiosos: la despersonalización y desrealización. Cuando te da eso por primera vez, te asustas un montón y no sabes qué te sucede. Te vienen unas sensaciones extrañas horribles.

A los diecinueve años los ataques aumentaron a raíz del sobreesfuerzo del examen de ingreso en la carrera de Medicina. Estudiaba de doce a dieciséis horas al día. Ese año perdí como diez kilos.

Recuerdo que, en aquella época, además de los ataques de pánico y la despersonalización, tenía pensamientos del tipo: «¿Qué hago aquí?», ¿Qué es esto de vivir?», «¿Qué hay más allá de la muerte?». Y esas preguntas existenciales no me dejaban en paz. Me daban mucho miedo. Lo único que me ayudaba a evitarlas era estudiar todo el tiempo. Luego ingresé en la facultad de Medicina y mis síntomas mejoraron un poco. Imagino que porque estaba superocupado.

Hace ocho años, durante una clase de Psiquiatría, me di cuenta de que lo que tenía se llamaba «ansiedad», y acudí a la

consulta del psiquiatra. Me medicaron con sertralina de 50 mi-
ligramos (mi compañera y aliada) y psicoterapia (que no realicé
por el alto costo). ¡Y la medicación me quitó los síntomas en
un 90 %!

Estuve como ochos años medicado sin bajar la dosis. Si bien
tenía los síntomas de la ansiedad de vez en cuando, no eran tan
fuertes ya. Pero el año pasado, con el confinamiento, la ansie-
dad y los pensamientos existenciales volvieron con mucha fuer-
za y a todo esto se agregó otra amiga: la depresión.

El psiquiatra me aumentó la dosis de sertralina a 150 mili-
gramos. Tomaba la medicación con ansiolíticos y alcohol, pero
no lograba superar la ansiedad. Cada vez estaba peor.

Entonces hice psicoterapia con varios psicólogos, pero sus
métodos, en realidad, se basaban en la evitación, o sea, en la
relajación o en mantener la mente ocupada, y la verdad es que
no me ayudaron en nada.

Hasta que por el mes de julio del año pasado vi en YouTube
una entrevista a Rafael y decidí leer su libro El arte de no amar-
garse la vida. Leí las primeras cien páginas y lo devolví, porque
era todo muy fuerte: «¿Meditar la muerte? ¿Qué narices le pasa
a ese psicólogo? ¿Quiere que tome la muerte con normalidad?
¡En eso no se tiene ni que pensar!», me decía.

En septiembre vi un directo de Instagram en el que dialoga-
ban Rafael y el psicólogo David Bendrihem (eran tres charlas),
y ahí todo cambió: ¡la luz al final del túnel apareció al fin!

Compré su libro Nada es tan terrible, aprendí los funda-
mentos de la terapia de los cuatro pasos y los llevé a cabo a
diario. Dejé al psiquiatra y a la psicoterapeuta para empezar un
nuevo camino: la AUTOTERAPIA.

Leí varios libros de psicología cognitiva conductual y empe-

cé a estudiar cómo funciona la mente. Me volví mi propio personal trainer. *Seguía viendo los directos de Rafael en Instagram. Hice una sesión por videollamada con David Bendrihem y dos con Antonio Fernández (otro experto en el TOC, colega de Rafael), y eso bastó para comenzar el nuevo camino.*

Me doy cuenta de que tenía miedo al miedo.

Desde septiembre de 2020 dejé de buscar el origen de mi problema y me puse a afrontar y aceptar.

Todos los días desayunaba una cucharada de café puro (hasta entonces había tenido miedo al café) y me iba al hospital a rendirme ante los ataques de ansiedad, la despersonalización y la desrealización. No luchaba. Tan sólo me decía: «Esto es normal. Es sólo la mente, que busca protegerse demasiado. No es ni siquiera una enfermedad». Me repetía ciertos mantras, como: «Si Dios quiere que viva con esto, que así sea» o «Me rindo como un cordero ante las peores sensaciones: aquí estoy, que vengan a por mí». Cada día tomaba café y mate y me exponía a mis TOC y a la ansiedad al máximo. Es decir, buscaba las sensaciones, iba a por ellas, ¡me alimentaba de ellas!

Ya hace unos meses que he dejado la medicación, y nunca me he sentido tan libre.

Después de cinco meses de autoterapia de los cuatro pasos, estoy bien en un 90 %. Si algo me produce una emoción negativa, me quedo ahí y me pongo cómodo.

Alguna vez todavía me viene la ansiedad, pero ya no le presto atención y en diez minutos desaparece. Ayer mismo tuve una sensación extraña —como si estuviera separado de mi cuerpo—, porque ahora el estrés es enorme en los hospitales, y a veces nos aceleramos. Pero la diferencia es que me dije: «¡No

pasa nada!¡Es sólo un poco de estrés, que se está liberando!».
Y enseguida era otra vez yo mismo.
No hago ejercicios de relajación ni nada que se le parezca.
No los necesito porque la curación está en dejar de tener miedo.
Sólo en eso.
Otra situación que he afrontado es quedarme en casa solo
con los niños. Lo evitaba por miedo a que me diese el ataque
estando al cuidado de los pequeños. Así que le pedí a mi esposa
que me dejase solo en casa con ellos cada día, al menos un par
de horas. Ahora, además de superar mi miedo al miedo, ¡me he
vuelto un gran padre de familia y esposo! ;)
    En fin, no puedo estar más agradecido a Rafael y a la terapia
conductual. Tras tantos años de tira y afloja con mi mente, por
fin soy libre.

La evitación como droga

Cuando uno tiene ataques de ansiedad u obsesiones, los intenta mantener a raya de forma equivocada: mediante evitaciones, medicación ansiolítica, compulsiones, razonamientos para calmarse y demás. Y, en cierta medida, todo eso funciona.

En un principio se produce un alivio de la ansiedad; incluso se pueden tener momentos de plena comodidad. Pero siempre, SIEMPRE, la ansiedad regresa. Y cada vez con mayor intensidad. Y la necesidad de evitación va aumentando. ¡Menuda trampa!

Algo muy similar sucede con las adicciones, por ejemplo, con el tabaco. Cuando fumamos, la ansiedad de la dependencia se reduce. Sin embargo, a medida que la nicotina sale del cuerpo —tarda veinte minutos—, los nervios regresan, de modo que necesitamos fumar más porque la dependencia aumenta. Es decir, los nervios aumentan cuando no fumamos. Y, cada vez más, el tabaco parece nuestro único amigo: el único capaz de calmarnos. ¡Es una trampa! Es la nicotina quien produce la ansiedad, quien nos hace dependientes de ella. La nicotina produce:

a) Ansiedad constante.
b) La sensación de calma ante la ansiedad que produce ella misma.

Así pues, la droga hace lo siguiente: lo que te da con una mano te lo quita con la otra. Y así se entra en una espiral diabólica.

La solución es obvia: cortar el círculo vicioso dejando de alimentar al bicho de la adicción, mediante la retirada total de la nicotina.

Para vencer los ataques de ansiedad y las obsesiones hay que hacer algo similar: cortar el circuito dejando de evitar, exponiéndose a la ansiedad sin cortapisas, con aceptación total. Aquí la droga es la evitación. Y no drogarse es exponerse.

¡Así se han curado cientos de miles de personas en todo el mundo!

Pero, claro, se deduce que, al principio, sucederá algo desagradable: nos pondremos peor. Es obvio, dado que vamos a exponernos, vamos a retirar las medidas de protección. Antes de mejorar, experimentaremos cierta crisis.

La regla del 120 %

Recuerdo un diálogo que tuve con una paciente en una de sus primeras visitas. Se trataba de Amelia, una joven portuguesa que temía enfermar si bebía de una botella o un vaso ajenos. Y no sólo eso: tenía un miedo irracional a que alguien le pudiese poner algo en la bebida si no estaba totalmente atenta.

Como en todos los casos de trastorno obsesivo, Amelia sabía que sus temores no tenían sentido, pero la duda podía con ella. Ese miedo la tenía en jaque todo el día: le producía mucha ansiedad porque uno bebe a cualquier hora y siempre hay gente alrededor, ya sea en el trabajo, con amigos, haciendo deporte...

Iniciamos el tratamiento de exposición: tenía que entrar en bares, pedir un agua, abrirla y beber un poco. Acto seguido, ir al lavabo y dejar la botella «abandonada» sobre la mesa. Después de unos minutos, tenía que regresar y seguir bebiendo de esa agua quizá contaminada. Y, claro, al inicio la ansiedad se disparó. Le costaba dormir y hasta llevar a cabo su trabajo. Estaba tensa todo el día. En una de las primeras sesiones me dijo:

—Estoy mucho peor, Rafael. ¡Nunca había estado tan mal!

—Lo sé, Amelia. Es normal porque ahora no estás compulsionando; no estás evitando comer o beber en público. Estás trabajando para ser libre. Y eso te expone al malestar del que siempre has huido —indiqué.

—¡Pero esto es horrible! Estoy adelgazando mucho y duermo fatal —me dijo con lágrimas en los ojos.

—El primer día que viniste tampoco estabas bien, recuérdalo. El temor constante de ser envenenada o drogada estaba presente casi todo el día. Pongamos que, en una escala de 1 a 100, ese malestar era de 100. ¿Cuánto dirías que ha aumentado ahora haciendo la exposición? —pregunté.

—Ha aumentado bastante, obviamente —respondió.

—Pero ¿cuánto? Fíjate en que ahora estás nerviosa todo el día, pero ¡antes también! Piensa: ¿cuánto ha aumentado esa ansiedad? —insistí.

—Un poco más. Es verdad que tampoco mucho porque, ahora que lo dices, antes también estaba muy nerviosa. Si tuviese que darte un porcentaje de malestar comparado con el 100 % inicial, ahora sería del 120 %.

—¡Eso es! Cuando la gente empieza con los ejercicios de exposición, el malestar aumenta, aunque no tanto como podría parecer. Generalmente, un 10 o un 20 %, como me comentas tú ahora. Pero ya ves que no es tanto, y vale la pena porque ahora estamos curándonos. ¿O no?

—Sí. Tienes razón. Voy a ser fuerte y seguir adelante, Rafael —concluyó.

A partir de ahí, Amelia sólo hizo que mejorar y mejorar, hasta hacer desaparecer su neura.

Y desde aquel día explico a todos los pacientes «la regla del 120 %» para que comprendan que hay que exponerse a los niveles más altos de malestar; que empeorar es bueno y que, en todo caso, son capaces de soportarlo.

La regla dice así: la ansiedad que se sufre cuando se padece un trastorno de ansiedad u obsesivo puede estimarse en 100. Por lo tanto:

$$\text{Malestar del trastorno} = 100$$

Cuando iniciamos la exposición, la ansiedad sube, aunque no tanto como parece. Es verdad que la persona puede abrumarse porque lo último que desea es empeorar, pero si analiza la cuestión objetivamente, el malestar sólo asciende un 10 o un 20 %. Así pues:

Malestar tras el afrontamiento = 120 %

Por lo tanto, la pregunta que hay que hacerse es: ¿vale la pena ese pequeño aumento de malestar para curarnos para siempre, para labrarnos una mente nueva?

La respuesta siempre es: «¡Por supuesto! Empecemos cuanto antes. Nos espera la fortaleza y la libertad».

LOS SÍNTOMAS VACUOS

Todo lo que tiene que ver con la ansiedad —y el resto de los síntomas que tratamos aquí— no es más que humo. Sé que, cuando se padece, se percibe como extremadamente real e insoportable, pero detrás del miedo no hay nada. Y lo que buscamos con la exposición es, precisamente, comprobar que nada de eso es real.

Una anécdota que le sucedió a mi admirado Allen Carr, autor del superventas *Es fácil dejar de fumar, si sabes cómo*, ejemplifica la característica de vacuidad de la ansiedad o el miedo.

Durante sus primeros años como terapeuta antitabaco, trataba a sus clientes en grupo en sesiones de cuatro o cinco horas, en las que les daba una charla acerca de la adicción y atendía sus preguntas. Después de esa larga sesión, el 90 % de ellos ya no deseaban fumar y no les costaba en absoluto dejarlo. Salían de allí como felices no fumadores.

Sin embargo, en una de esas sesiones sucedió algo sorprendente. Un día, uno de los asistentes confesó haber superado otra adicción con anterioridad. Y nada menos que a la heroína: años atrás había acudido a un centro de desintoxicación y, con mucho esfuerzo, había conseguido dejarla. De repente, otras dos personas del grupo confesaron lo mismo con respecto a la cocaína.

A Carr le resultaba extraño que esas tres personas no hubieran dejado el tabaco por su cuenta después de haber superado algo, en teoría, mucho más difícil, como es la adicción a la heroína o la cocaína. Y quiso indagar un poco más.

—Cuando superasteis las otras adicciones, ¿pasasteis por un síndrome de abstinencia? ¿Cómo fue?

Los tres respondieron que los síntomas de retirada habían sido horrendos, pero que al final, tras un período que les pareció eterno, remitieron.

Carr quiso saber más:

—Pero, exactamente, ¿qué sentisteis cuando lo dejasteis? ¿En qué consistió el síndrome de abstinencia?

Y cogió un rotulador para hacer una lista de los síntomas de retirada en la pizarra que tenía detrás. Uno de los exadictos dijo:

—Bueno, yo tuve muchos nervios. No podía estar sentado o quieto.

—Vale. Lo anoto. Pero eso tampoco es tan malo: si no puedes estar quieto, pues te pones a andar y ya. Eso no duele —señaló Carr.

—¡Yo tuve sudores fríos! —dijo otro.

—De acuerdo. Pero, cuando haces deporte, también sudas y no pasa nada, ¿no? —replicó Carr.

—¡Y fiebre! —soltaron los tres.

—¿Cuánta? ¿Os la tomaron? —preguntó Carr con el rotulador preparado para anotar la cifra en la pizarra.

—No debía de ser mucha. Ponle 37,5 —respondieron.

¡Allen Carr estaba estupefacto! Esos tres hombres creían que sus síntomas de abstinencia habían sido brutales, cuando en realidad no eran nada importante: eran tan livianos como los síntomas de un resfriado común. Cuando se lo hizo notar, los tres cayeron en la cuenta: todos esos malestares no eran nada del otro mundo, pero los habían vivido como un sufrimiento monumental.

Aquel día, Allen Carr concluyó que el problema de las adicciones se halla en la lucha mental, no en los síntomas físicos de la abstinencia, que son una menudencia. El verdadero huracán aparece cuando la persona entra en una batalla con esos mismos síntomas y los amplifica con su temor.

De hecho, su método para dejar el tabaco consiste en eliminar el temor a los síntomas de la abstinencia. Ahí está el milagro: de repente, ¡dejar de fumar es la cosa más fácil del mundo! No hay nervios, ni ansiedad ni nada. Todo lo contrario: ¡una feliz sensación de ligereza y liberación!

Con las emociones negativas que se experimentan en los ataques de pánico y las obsesiones sucede lo mismo. Si los miramos directamente a los ojos, sin huir, se desploman en minutos porque detrás no hay nada: sólo nuestra propia lucha irracional.

REVENTAR LA BURBUJA DEL INSOMNIO

En una ocasión tuve un paciente, Luis, que tenía miedo a no dormir y eso le provocaba precisamente un fuerte insomnio. La sola idea de no dormir le generaba tal ansiedad que, incluso tomando somníferos, no conseguía descansar. Durante el último año, la mayoría de las noches conciliaba el sueño un promedio de dos o tres horas, y los pocos días buenos, unas seis o siete horas.

Recuerdo que, tras unas cuantas semanas de terapia, acudió un día diciéndome que ya estaba curado. ¡Estaba extasiado! Me explicó lo siguiente:

Hace dos semanas me pasó algo brutal. Estaba ya muy mentalizado con toda la terapia que hemos hecho y me dispuse a pasar la noche sin dormir haciendo exposición. No tenía miedo. Me preparé un libro para leer. Justo había comprado por internet uno de los que tú me recomendaste: Llegamos a creer... *de* Alcohólicos Anónimos.

Llegó la noche y sucedió lo de siempre. Me quedé dormido, pero me desperté hacia las dos de la madrugada. Generalmente luego ya no duermo casi nada y me entra una fuerte ansiedad. Pero aquella noche fue muy diferente. Una vez desvelado, me dispuse a leer con toda tranquilidad y me dije: «Me da igual lo que me suceda. Si no duermo bien nunca más, incluso para el resto de mi vida, lo acepto».

Como el libro en cuestión se compone de relatos cortos de superación del alcoholismo, me fue genial porque se habla mucho de la rendición. Y el resultado fue que estuve muy tranquilo ¡toda la noche! Me dormía y me despertaba cada dos horas, pero entonces, de un modo sosegado, me ponía a leer un trocito del libro y, en menos de cinco minutos, caía otra vez dormido como un lirón. Fue genial porque, por primera vez en un año, no me puse nada nervioso. ¡Y en total dormí unas siete horas! Pero lo esencial es que siento que he perdido el miedo a no dormir.

A partir de aquella experiencia de rendición, Luis no volvió a tener insomnio. Ahora sabe que, si volviera a desvelarse (cosa que no ha sucedido todavía), simplemente se aburriría, pero no experimentaría ansiedad, lo cual demuestra, de nuevo, que las emociones, una vez afrontadas sin lucha mental, son algo tan ligero que casi no molesta.

Todas las emociones negativas son vacuas. Son como un globo que podemos pinchar para comprobar que sólo hay aire dentro. Lo que mantiene «hinchada» la ansiedad es nuestro miedo, nuestra huida, la lucha mental. Pero, si paramos de dar esas locas brazadas, todo se calma, pues ahí fuera no hay nada.

QUE HAGA LO QUE LE DÉ LA GANA CONMIGO

En un manual sobre el tratamiento conductual de los ataques de pánico leí la siguiente reflexión:

> El coraje no siempre se aprecia a primera vista. Frecuentemente es ese susurro al final del día que dice: «No voy a tirar la toalla; voy a continuar».

La clave de una buena aceptación es que sea total. Y es que podemos aceptar estar mal toda la vida, con todos los síntomas. Es cierto que se trataría de una vida muy mala, pero podríamos aceptarlo si ése fuese el designio de Dios.

Otra forma de acercarnos a la aceptación total es pensar: «Que haga lo que le dé la gana conmigo, lo que sea, sin límite. Que me vuelva loco, que me lleve a un hospital psiquiátrico, que me mate... Lo acepto todo. Y lo acepto ya mismo».

También podemos recrearnos en esta exposición de aceptación total habitando en los peores escenarios con plena aceptación.

Tanto en los ataques de pánico como en el TOC, a la persona se le suele pasar por la cabeza la idea de que se va a volver loca: tanta es la presión y el sufrimiento mental que no va a poder resistirlo. Y lo mejor es abandonarse a esa idea, rendirse a esa posibilidad, aceptarla totalmente: «Adelante, que sea lo que Dios quiera».

RENDICIÓN POR AGOTAMIENTO

Muchas veces, la persona alcanza la rendición porque ya no puede más. Física y mentalmente, está agotada. Y ésa es una forma válida de conseguirlo.

Claro está que sería más deseable alcanzar la rendición antes de llegar a ese punto, pero, si es necesario agotarse a causa del sufrimiento, bienvenido sea mientras seamos capaces de efectuar la aceptación total.

Con la práctica, cada vez es más fácil alcanzar la rendición. Y llegará un momento en que podremos alcanzarla en segundos. En cuanto venga la tentación de sentir una emoción negativa, la que sea, podremos decirnos: «Acepto totalmente esta sensación tan fea, para siempre, y lo que pueda venir. ¡Me abandono ahora mismo! ¡Perfecto!».

Cuando hayamos alcanzado esa velocidad de rendición, estaremos completamente curados. Seremos fuertes y felices, en todos los ámbitos.

«YA ME DA IGUAL»

En una ocasión, llegó una carta manuscrita a mi centro de Madrid (ya no se reciben muchas cartas escritas a mano). La escribía una mujer de cuarenta y ocho años llamada Raquel. Quería relatarme su experiencia con la ansiedad para que su testimonio pudiese ayudar a otros.

Explicaba lo siguiente:

De niña me preocupaba mucho por todo. Tenía siempre miedo. De hecho, pienso que nunca fui una «niña». Pero no lo compartía con nadie.

Con el pasar de los años empecé a sentir ansiedad, ataques de pánico y depresiones. Mi primera depresión fue a los diecisiete años y mi primer ataque de pánico un año después.

A los veintisiete años la cosa se complicó con la despersonalización. Llevaba unos años con ansiedad desbordada y, de repente, todo empezó a parecerme «raro». No entendía nada. Sentía que Raquel se había ido. Recuerdo que no paraba de decir: «La persona se ha ido».

Era una sensación horrorosa y permanente. Y, claro, me

generó más ansiedad. Ya no dormía ni comía. Necesitaba comprender qué me estaba pasando, que alguien me entendiese y así pudiera ayudarme.

Entonces me ingresaron en la unidad de psiquiatría de un hospital. Llegué con ilusión, pensando que me explicarían y me ayudarían. Nada de eso. Lo único que hacían era atiborrarme a pastillas que no servían para nada.

Mi psiquiatra no me explicaba nada. Creo que, en realidad, tampoco sabía qué me sucedía y por qué. Por aquel entonces empecé a pensar que me había vuelto loca porque esa sensación espantosa no se iba nunca. Intentaba luchar contra ella, intentaba «hacer de mí misma», pero sin éxito.

Esa sensación me mortificaba: no podía ni ver la tele porque no la entendía; no entendía nada. Cualquier acción cotidiana que antes hacía con normalidad, ahora era rara. Me parecía extraño que los demás hicieran todo con soltura porque, a mí, ya nada me parecía fácil. Me cuesta explicarlo porque es algo tan anómalo e inusual...

Llevaba un mes en el hospital cuando me dieron el alta, pero estaba exactamente igual que el día que ingresé. Era horroroso. A partir de ahí, me desanimé mucho y la verdad es que pensé en el suicidio. E incluso un día lo intenté: me tomé más de doscientas pastillas que tenía por allí. Estuve dos días en coma. Cuando desperté y vi que había fracasado, todavía me sentí peor. Y lo más terrible es que mi amiga la despersonalización seguía allí.

Estuve ingresada de nuevo unas semanas más y vuelta a casa. Pero todo seguía igual. Pensé otra vez en quitarme la vida, pero desistí: me rendí, dejé de luchar, decidí pasar el día y la noche durmiendo. Y efectivamente, sólo dormía. Y así los días iban pasando.

De repente, un día cualquiera, me desperté y me di cuenta de que esa espantosa sensación de irrealidad ya no estaba. ¡Me encontraba «normal»! ¡Volvía a ser la de antes, la de dos años atrás! Y se sucedieron los días y seguía genial. «Dios mío, ¿esto es real? ¿Estaré ya bien?», me preguntaba. Y se sucedieron las semanas y cada vez estaba más sana, más alegre y llena de energía.

Hacía mucho tiempo que había dejado de tomar todas las pastillas, aunque mi médico no lo sabía. Cuando fui al hospital y le dije que todo había pasado, su respuesta fue: «Por fin la medicación ha hecho su efecto». En ese momento me dio reparo decirle que se equivocaba.

Estoy convencida de que lo que me curó fue «rendirme». Cuando decidí ponerme a dormir día y noche, dejé de luchar por primera vez en todo ese tiempo. Simplemente, abandoné la pelea con la despersonalización y cualquier otra cosa que pudiera tener: ansiedad, tristeza, etc. Ya me daban completamente igual. Estaba tan inmensamente harta que no tenía interés ni en pensar en ello.

Tras ese despertar a la normalidad, mi mente se recicló como por arte de magia. Todos mis miedos, inseguridades, preocupaciones..., todo se fue.

Han pasado muchos años ya de todo aquello, y sigo feliz y saludable en todos los sentidos.

He aquí mi historia para todo aquel que quiera oírla y sacar sus propias conclusiones.

En mi opinión, lo que le sucedió a Raquel es que experimentó una profundísima rendición ante la despersonalización y el resto de sus síntomas. Tan profunda que le daba igual vivir o morir. Decidió no suicidarse por cansancio, pero ya todo le daba igual. Así logró desconectar su mente neurótica.

Y esa rendición produjo el milagro. Perdió el miedo a los síntomas y éstos desaparecieron. Pasó a encontrarse genial: llena de energía, sosiego y amor por la vida.

En el momento en que me envió su carta ya habían pasado más de veinticinco años y seguía tan bien como siempre, segura de no presentar ninguna vulnerabilidad más. Porque ya no le tenía ningún miedo.

En este capítulo hemos aprendido que:

- Perder el miedo al miedo es como dejar una droga.
- La droga es la evitación. Al inicio alivia, pero luego nos vuelve más adictos.
- La solución pasa por dejar de evitar ya mismo.
- Al comienzo del trabajo conductual va a aumentar el malestar, pero sólo un 20 %.
- No te dejes engañar: todas las emociones negativas son vacuas.
- La rendición pasa por que digamos a nuestra mente: «¡Acepto lo que sea!», sin excepción.
- Buscar el agotamiento es una buena estrategia porque permite rendirse con más facilidad.
- Aceptar es dejar de hacer, perder el interés por la mente y sus síntomas.

16

Emprender una aventura

> Adherirse a esa incertidumbre, pillarle el truco a relajarse en medio del caos, aprender a no tener pánico: ésta es la senda espiritual.
>
> PEMA CHÖDRÖN

Cuando Albert vino a verme tenía cuarenta y cinco años. Y desde el momento en que entró por la puerta, me cayó excepcionalmente bien.

Junto con sus hermanos, dirigía una empresa de máquinas de fitness: bicicletas estáticas, cintas de correr, aparatos de pesas, etc. Y les iba genial. El fundador había sido su padre pero ellos la habían llevado a la posición número uno en el mercado español. Y no era de extrañar porque formaban un grupo muy unido, trabajador y honesto.

Albert es un tipo excepcional. Muy buena persona, atento y amable. De estatura media, delgado y en forma. Viste de manera informal pero elegante, *casual* pero cuidado. Llevaba gafas y el pelo corto con raya a un lado.

Enseguida me describió su problema. Cuando estaba en público, podía ponerse a sudar de forma espectacular. La camisa acababa empapada como si hubiese estado corriendo a pleno sol; el pelo, empapado; las gotas, chorreando por la frente. Y, junto con el sudor exagerado, muchísimos nervios porque lo hundía que le viesen sudar así.

Las reuniones de trabajo y las comidas familiares eran lo peor. Para Albert, suponían una tortura especial porque allí podía estar atrapado durante horas, pasando muchísima ansiedad, quedando en evidencia con todo ese chorreo. Cuando los ataques finalizaban, quedaba exhausto, le dolía la cabeza y la tensión no cedía hasta la noche. Esos días, se disculpaba con su esposa y se iba a dormir a las nueve sin cenar.

Desde el primer día, Albert confió totalmente en la terapia y, en gran medida por eso, su recuperación fue muy rápida. En cuatro meses estaba genial. Ya no sudaba casi nunca. Y cuando lo hacía, era una sudoración leve. Pero lo mejor es que ya no tenía miedo.

Al finalizar la terapia, estaba exultante: no sólo había vencido su pesadilla de toda la vida, sino que se sentía más fuerte que nunca, con pleno control de su vida.

Eso sí, Albert llevó a cabo completísimas exposiciones diarias. Se programó reuniones de trabajo todos los días: ¡todos! Llevaba a los niños al colegio y se obligaba a hablar con los padres, cosa que antes evitaba. Los fines de semana organizaba veladas familiares de varias horas de duración. Y durante esas veladas estaba más participativo de lo habitual. Y, claro, el resultado fue espectacular.

Dos años después de acabar la terapia, me envió el siguiente email para explicarme lo bien que se sentía:

> Querido Rafael:
>
> Aquel problema que tenía con el sudor ya es cosa del pasado. Estoy totalmente curado. La mayor parte

del tiempo siento una serenidad genial. Ahora mantengo
relaciones sociales de todo tipo y ni pienso en sudar.
Sólo muy de vez en cuando me acuerdo de aquello y
me digo: «¡Qué bien, ya casi nunca pienso en ello!».
Soy plenamente feliz porque superar esta adversidad
me ha dado una visión de la vida mucho más racional
y positiva. En el futuro tendré problemas, pero ahora
sé que los voy a superar. Ahora tengo una filosofía
nueva, abierta a todo, sobre todo al disfrute de las
pequeñas cosas.
Y esta nueva actitud mental me está permitiendo
ayudar a la gente que me rodea. Les intento transmitir
lo que he aprendido: que aceptando todo lo que sucede
se puede llegar a un sorprendente estado de serenidad.
Disfruto mucho pasando este aprendizaje a otros.
Ahora sé que todos podemos adquirir una fuerza
anímica tal que nos permitirá afrontar cualquier
situación. Me siento bien conmigo mismo y me
encanta transmitirlo.

Como todos los que realizan este viaje de aprendizaje interior, Albert se sentía transformado. Y sentía la necesidad de
pasar a otros sus nuevos conocimientos. Ahora nos toca a
nosotros seguirlo.

REGRESO NO ASEGURADO

En 1914, una expedición británica al mando del capitán Ernest
Shackleton zarpó desde Gran Bretaña hacia el Polo Sur para
explorar la Antártida, la última tierra ignota del planeta.

Shackleton era el típico caballero británico: elegante, de excelente educación, bien parecido y, por supuesto, aventurero total. Tras toda una vida dedicada a la mar, le había sido concedido el título de *sir*, pero su mayor orgullo era contar con la admiración y el aprecio de sus hombres. De modo que, en 1914, el mismo año en que estalló la Primera Guerra Mundial, 56 hombres y un barco, el *Endurance*, se lanzaron a la aventura. Para reclutar a la tripulación, Shackleton puso un anuncio en el periódico que pasaría a la historia:

SE BUSCAN HOMBRES PARA UNA AVENTURA ARRIESGADA:
PAGA ESCASA, FRÍO ESTREMECEDOR, LARGOS MESES DE OSCURIDAD
COMPLETA, PELIGRO CONSTANTE, REGRESO NO ASEGURADO,
PERO HONORES Y RECONOCIMIENTO EN CASO DE ÉXITO.

ERNEST SHACKLETON

Respondieron más de quinientas personas, de las que se escogió con esmero un 10 %. Y la aventura que vivió aquel grupo fue simplemente alucinante.

Pocas semanas después de llegar a las aguas glaciales de la Antártida, el *Endurance* quedó atrapado en el hielo. Cruzaban una zona de banquisa (enormes placas de hielo flotante) y, tras unos días de especial bajada de las temperaturas, dos enormes placas bloquearon el barco y éste dejó de avanzar. Durante un largo mes, los marineros intentaron liberarlo sin éxito, pues estaba firmemente encallado entre las placas heladas, y además se dieron cuenta de que, con el frío, no dejaban de crecer. Es decir, aumentaban de grosor y apretaban cada vez más el buque. Al final aceptaron lo peor: el hielo acabaría triturando el barco.

Abandonaron la nave, descargaron todo lo que pudiera ser de utilidad y allí se quedaron, cerca de la mole del barco, sin poder evitar verlo romperse en pedazos.

Durante los siguientes nueves meses, la tripulación vivió a treinta grados bajo cero, en casi completa oscuridad, comiendo carne de foca y desplazándose a la deriva sobre una gigantesca placa de hielo de veinte kilómetros cuadrados. Las placas de hielo se habían fusionado, y ahora viajaban en un grandioso cubito helado. Las corrientes marinas desplazaron el bloque nada menos que dos mil kilómetros desde el punto en que el barco había quedado atrapado.

Casi un año después del accidente (¡un año a la deriva sobre el hielo!), Shackleton decidió buscar tierra firme navegando en tres botes rescatados del *Endurance* que arrastraron hasta el mar. Emprendieron una impresionante travesía de semanas, aderezada de tremendas tormentas y todo tipo de peligros.

Finalmente, ¡llegaron a tierra!, pero se trababa de isla Elefante, un lugar deshabitado. Allí vivieron casi dos años más, hasta que decidieron que cuatro hombres llevarían a cabo una ruta para atravesar la isla y llegar a un punto donde pudieran divisar algún barco ballenero. Atravesaron cordilleras y llegaron a un lugar donde esos hombres fueron rescatados. Al cabo de poco, pudieron regresar todos a salvo a Londres.

En total estuvieron tres años perdidos en el Polo Sur, con un frío glacial, comiendo carne de foca y con poquísimas esperanzas de sobrevivir. Pero sobrevivieron todos.

A orillas del Támesis fueron recibidos como héroes. El país los había dado por muertos y la aventura fue inmortalizada en un libro que publicó el propio Shackleton poco después.

He hecho un resumen muy sucinto de la aventura del *Endurance*, que fue mucho más épica de lo que puedo describir aquí. Se puede apreciar mucho mejor en un magnífico documental titulado «*The Endurance*: Atrapados en el hielo», publicado en YouTube.

En todas las épocas, los seres humanos han emprendido magníficas aventuras. Han descubierto nuevos mundos y se han maravillado de la amplitud de los horizontes del planeta.

Como aficionado a la montaña que soy, he tenido la oportunidad de conocer a reputados alpinistas, hombres y mujeres que gozan aventurándose en la naturaleza sin preocuparse demasiado de su destino. Y a grandes viajeros que cruzan el ancho mundo viviendo aventuras continuas, de incluso años de duración. Y, gracias a mi trabajo, he conocido también a los conquistadores de su propia psique: personas que emprenden una aventura hacia su autodominio y llegan a alcanzar la cumbre, que, en este caso, es hallar la mejor de sus versiones, la plena fortaleza emocional.

La mejor forma de emprender esta aventura —la terapia conductual— es como verdaderos aventureros, como Shackleton en la Antártida, como Edmund Hillary en el Everest. Con una sola diferencia: el convencimiento de que nosotros vamos a alcanzar el éxito, porque el mapa de la mente es siempre el mismo. Cientos de miles de personas lo han recorrido antes, por lo que sólo tenemos que seguirlo fielmente.

Ya hemos visto los principios fundamentales de este trabajo, esto es, los cuatro pasos de Claire Weekes: afrontar, aceptar, flotar y dejar pasar el tiempo.

Y, de entre los cuatro pasos, hemos destilado el concepto clave, ACEPTAR, que busca que nos sintamos cómodos dentro del malestar, perder totalmente el miedo a cualquier emoción negativa. Dicho de otra forma: activar la mente dual en la que conviven la ansiedad y una profunda tranquilidad.

Cuando lo logramos, llegamos a la cima del Everest, donde las vistas son maravillosas, donde habita la paz y el dominio personal.

LAS FASES

El progreso en el tratamiento de la ansiedad y las obsesiones es variable. Unas veces puede ser rápido, cuestión de pocos meses. Otras, requerir uno o dos años, o incluso más. Sin embargo, siempre progresamos, vamos estando mejor y mejor.

Durante todo ese tiempo de esfuerzo continuado es importante saber estar ahí, bien focalizado en el trabajo, apreciando el progreso y sin desesperarse por no pasar de golpe de 0 a 100, pues no suele ser así, aunque iremos experimentando ventanas de bienestar.

Una paciente muy divertida, Aurora, de cincuenta años, me decía que pasó por una fase que llamaba «la maldición de los siete días». Después de unos meses de duro trabajo conductual, por fin se vio libre de ataques de pánico. ¡Por primera vez en treinta años! Ella, que solía tener varios ataques al día. Sin embargo, le sucedía algo curioso: cada siete días, puntualmente, experimentaba una recaída. Y por eso empezó a llamarla «la maldición de los siete días».

De todas formas, con total determinación, siguió con la

exposición diaria. En ningún momento entendió esas recaídas como algo negativo. Al contrario, se concentró en su nueva vida libre de ansiedad (¡durante seis días completos!).

Con el tiempo, aquellos ataques se fueron espaciando y «la maldición de los siete días» pasó a ser «la maldición del mes», y así sucesivamente hasta desaparecer del todo. Ahora, Aurora goza de una salud emocional a prueba de bomba. Se siente segura y feliz.

Acordémonos de Aurora durante todo nuestro recorrido de crecimiento personal. Pasaremos por fases de mejora y por recaídas, pero, si continuamos, la victoria está asegurada.

HACERLO REGULAR ESTÁ GENIAL

Invariablemente, cuando estemos trabajando para labrarnos una nueva mente, para conseguir la maravillosa libertad, nos asaltará una duda: «¿Lo estoy haciendo bien?».

Tener esa duda es natural porque al principio no se ven cambios. Incluso podemos tener la impresión de estar empeorando.

Lo cierto es que nadie está acostumbrado a labores que requieran tanta fe y, por lo tanto, la duda planeará más de una vez: «¿Es así como debo hacer la exposición?».

Aunque contemos con la asistencia del mejor psicólogo del mundo, esta duda aparecerá porque sólo nosotros podemos hacer este trabajo, y eso es siempre una novedad.

Cada vez que los pacientes me plantean este tipo de dudas, respondo lo siguiente:

—Estoy seguro de que lo estás haciendo bien porque te

estás exponiendo, no huyendo, y así encontrarás el camino correcto. En esta terapia no es necesario hacerlo «perfecto». Con hacerlo «regular» basta.

Por consiguiente, mientras dejemos de huir del malestar, estaremos haciéndolo suficientemente bien. Poco a poco, iremos afinando el tiro hasta dar en la diana.

Así que, siempre que nos azote la duda, respondámonos: «No necesito hacerlo perfecto, basta con que lo haga; de alguna forma, progresaré».

SER AUTODIDACTA ES POSIBLE

A lo largo de mi carrera, he conocido a un sinfín de personas que han superado trastornos de ansiedad por su cuenta. Y, en muchos casos, sin ningún libro ni indicación externa. Simplemente, intuyeron que tenían que encarar el temor y fueron hacia él lo más directos posible. Y, claro, encontraron el camino.

Una de esas personas es Juan, el ejecutivo adicto al sexo del que he hablado capítulos atrás. En su juventud, Juan había superado por sí solo un trastorno de ansiedad que lo había llevado a plantearse el suicidio. No tenía ni veinticinco años cuando, con toda la determinación del mundo, empezó a afrontar, y ahora recuerda aquello como el trabajo más importante de su vida.

Otro caso es Ana, la política española que también he descrito con anterioridad. Ella sola, en el transcurso de un par de años, se liberó completamente de su ansiedad, y ahora es un modelo impresionante de alegría y fortaleza.

Ana me explicaba así cómo había encontrado el camino de salida: «Me di cuenta de que el miedo estaba invadiendo mi vida y vi que debía atajarlo. No sabía muy bien cómo hacerlo, pero mi intuición me decía que debía ir hacia el temor. Y ahí me dirigí: todos los días cogía el coche y me alejaba de la zona de confort. Me daban ataques, sí, pero sabía que la solución estaba allí».

Seguro que Juan y Ana cometieron errores a la hora de exponerse, pero, con determinación, encontraron la mejor vía, esa que acelera el progreso hacia la completa curación, la victoria total.

Por lo tanto, siempre que nos entré la duda sobre si lo estamos haciendo bien, respondámonos lo siguiente: «¡Por supuesto que sí! Mientras afronte, estaré en el camino correcto. No hace falta hacerlo perfecto. Con hacerlo mínimamente bien es suficiente, porque estaré avanzando y no tardaré en descubrir por mí mismo la vía rápida de salida».

NADIE TE VA A SALVAR

Con frecuencia invito a expacientes a que me ayuden en la terapia. Acuden a una sesión con alguien que está empezando y, básicamente, les cuentan su experiencia. Es un gesto muy hermoso y útil porque, así, el novato incrementa su fe y determinación.

En una de estas ocasiones, se dio el siguiente diálogo entre la paciente novata (Laura) y la veterana (Silvia). Laura tenía ataques de pánico desde hacía un año. Era una joven secretaria de veintidós años. Llevábamos trabajando unos dos meses y le costaba exponerse a los ataques. Silvia tenía cincuenta y seis y hacía tres años que había superado un trastorno de quince años de duración.

—Si yo lo he conseguido, te aseguro que tú también puedes hacerlo. Estuve muchos años mal, con ataques diarios, y, fíjate tú, ahora estoy encantada de la vida —dijo Silvia.

—A mí me cuesta mucho. Las exposiciones que me pone Rafael son muy difíciles —repuso Laura en tono apagado.

—Pues te diré algo —replicó Silvia—: ¡tienes que hacer todo lo que te manda y empezar ya mismo! Nadie te va a salvar. ¿Te das cuenta? Sólo tú puedes hacerlo.

Aquella frase, «Nadie te va a salvar», causó un enorme impacto en Laura. Una vez acabada la terapia me explicó que aquella expresión supuso un antes y un después en su proceso terapéutico. Se dio cuenta de que la terapia no la curaría, de que yo no la curaría, de que sus padres apenas la podían ayudar. Era ella frente a la ansiedad.

Una vez más, debemos mantener la fe bien alta. Millones de personas han hecho este trabajo antes. ¿Nos vamos a quedar nosotros atrás? Habiendo una salida tan cerca, que depende sólo de nosotros, ¿preferiremos escoger la neurosis, el sufrimiento sin sentido, el dolor absurdo, la incapacidad? ¡Ni de coña! Tomaremos esa salida, aunque sea lo último que hagamos.

En este capítulo hemos aprendido que:

- En el trabajo de recuperación habrá fases que marcarán una mejoría diferente.
- No hay que preocuparse por hacer el trabajo bien. Nadie lo hace bien desde el principio, pero todo el mundo aprende a hacerlo.
- Ser autodidacta es posible, una prueba más de que el método no falla.
- Tenemos que hacernos cargo de este trabajo porque nadie nos va a salvar.

17

Los días malos

> En tibetano, la expresión *ye tang che* significa «completamente exhausto» o «totalmente harto». Describe una experiencia de total desesperanza. Éste es un punto importante, es el principio del principio.
>
> PEMA CHÖDRÖN

Raúl tenía cuarenta años cuando acudió a la consulta. Lo trató uno de los psicólogos de mi equipo, Claudio López Mora, aunque yo también tuve la oportunidad de conocerlo.

Raúl es una persona muy agradable tanto por fuera como por dentro: alto, bien parecido, con una gran sonrisa permanente en la cara. Es aparejador y trabaja como jefe de un grupo en un gran despacho de arquitectos de Madrid.

Su terapia fue inusualmente corta, uno de esos casos ultrarrápidos que los especialistas vemos de vez en cuando. La cuestión es que aplicó el método conductual a la perfección y, *voilà*, ¡curado en cinco sesiones!

Al finalizar la terapia, Raúl puso por escrito su proceso y nos dio permiso para publicarlo con el fin de que pudiese servir a otros.

Ésta es su historia:

Todo empezó cuando tenía veintinueve años. Un día, trabajando, me dio un mareo un poco más fuerte de lo normal, pero no le di importancia. Al cabo de unos días se repitió, pero más fuerte. Y empecé a preocuparme.

A partir de ahí, esos mareos tan heavies *se volvieron habituales, casi diarios. Hasta que un día fui a unos grandes almacenes y, de repente, ¡me estalló la cabeza! Me quedé totalmente bloqueado: todo me daba vueltas, sudaba a lo bestia y, por encima de todo, necesitaba irme a casa porque me encontraba fatal, peor que nunca en mi vida.*

A partir de ese momento, los centros comerciales, las aglomeraciones o cualquier bullicio se convirtieron en detonantes de los mareos, que ya eran ataques de pánico con todas las de la ley.

Comencé a ir a médicos públicos y privados, recurrí a la acupuntura, a la homeopatía, visité a varios curanderos... ¡De todo! Me gasté mucho dinero en pruebas, tratamientos o cualquier cosa que prometiese liberarme de aquella maldición. Fui a otorrinos, y sólo conseguí sensibilizar más mis acúfenos y potenciar mi malestar. Fui a traumatólogos, y sólo conseguí dejar de hacer deporte, que es lo que más me gustaba. Fui a fisioterapeutas y osteópatas, y me contracturaba cada vez más. Me apunté a reiki, shiatsu y demás terapias extrañas de las que ni recuerdo el nombre.

Ese calvario duró desde los veintinueve años hasta los treinta y ocho. ¡Nueve años! Y el último fue el peor. Me promocionaron en el trabajo y me aumentó el estrés. Todos los síntomas se multiplicaron por mil. Ahora la cosa me estaba poniendo, de verdad, contra las cuerdas. Y sí, pensé en quitarme de en medio. ¡Adiós! Adiós a todo. Adiós a mi hija y mi mujer, a mis padres, familiares y amistades: TODO.

Cogí la baja por primera vez en mi vida porque no podía más. Necesitaba una solución. Y en esas semanas de descanso leí todos los libros de Rafael. Y apareció un rayo de esperanza. Pedí cita en su gabinete y me asignaron a Claudio López Mora. Enseguida me mandó un montón de deberes, un programa anticatastrofización que puse en práctica desde el minuto uno.

Con este programa conseguí conocerme a mí mismo, ver en palabras lo que mi cabeza rumiaba automáticamente. Y ver los motivos por los que me entraba la ansiedad. Gracias a esto último logré cambiar las etiquetas de TERRIBLE, HORROROSO, INSOPORTABLE por sólo INCÓMODO, DELICADO, DESAGRADABLE.

Por otro lado, aprendí a no exigirme ni automachacarme con que todo tenía que ser perfecto. Aprendí a aceptarme como soy. Y a no necesitar la aprobación de los demás.

Otra cosa fundamental fue aprender a lidiar con los pensamientos negativos, a tomar conciencia de que tal como llegan se van. Y, lo más importante, aprendí a amistarme con mi querida enemiga, la ansiedad, para precisamente eliminarla de mi vida. Es una paradoja, ¿verdad? Amistarme para liberarme de ella. Acercarme para alejarla. Meterme en ella para que salga de mí.

Recuerdo que Claudio me pidió que le pusiera un nombre y la bauticé con el de Maruja.

Cuando Maruja me visitaba, no luchaba contra ella, porque, si lo hacía, se volvía más fuerte. De manera que dejé que estuviera presente en mi vida. Incluso le mostraba cualquier cosa que estuviera haciendo y la trataba como a una amiga: «Hola, Maruja, pasa, pasa. Aquí estoy dibujando este plano. A ver si te gusta».

La terapia requirió ingentes cantidades de determinación y perseverancia. Recuerdo que iba todos los días al centro comercial o a otros lugares de exposición. Pero en tres meses ya era capaz de afrontar cualquier cosa.

Claudio y Rafael me dicen que he ido muy rápido con la terapia. Yo creo que fue porque había llegado a un punto en que estaba muy hundido y pensé: «¡O sales de esto o te mueres!». Y así, con decisión firme, empecé a ver resultados desde la primera sesión. Y entonces me dije: «Por aquí voy bien, así que ¡a muerte!».

En esos tres meses tuve algunas recaídas. Pero no decaí. Me decía: «Raúl, son sólo recuerdos del pasado de la ansiedad. Respira hondo, relájate y date cuenta de que no pasa nada. Sigue con tu vida. Trabaja, participa, haz».

A día de hoy, ya no tengo miedo a nada: NADA. Al contrario, mi vida es una maravilla. Voy a centros comerciales varias veces a la semana y mis amistades se han multiplicado. Ni me acuerdo de los acúfenos. He vuelto a dormir y a soñar cosas bonitas.

En tan sólo cuatro meses he pasado de querer cerrar los ojos para siempre a no querer cerrarlos nunca. No sólo se han ido las sensaciones incómodas, sino que me siento como un explorador cuando encuentra un tesoro. ¡He descubierto el tesoro de la buena vida!

¡VIVAN LAS RECAÍDAS!

Durante el camino que supone la desensibilización de nuestra mente neurótica, habrá muchos días malos. La recuperación nunca es lineal, sino que dibuja curvas y dientes de sierra; todo tipo de subidas y bajadas. Es decir, momentos buenos (incluso geniales) y malos. Debemos estar preparados.

Si dibujásemos la gráfica de la recuperación en un diagrama de dos ejes, veríamos que, a largo plazo, solemos progresar. Sin embargo, tenemos que estar prevenidos para que, cuando lleguen las recaídas, no desesperemos.

Sin duda, es esencial tener en cuenta las recaídas. Esperarlas. Prepararse para recibirlas. Quienes han hecho este trabajo han pasado por ellas, todos. Y nos conviene recordar que, siempre, lo que nos espera al final del camino es la curación completa. ¡Cada una de esas recaídas vale la pena!

Recordemos que debemos tirar de inmensas cantidades de fe. Fe en que cada recaída es un paso hacia la liberación. De hecho, podríamos decir que nos interesan las recaídas, puesto que nos curamos a través de ellas. ¡Nos convienen!

Pero es cierto que los días malos pueden ser duros. Es normal, entonces, sentirse abatido, destrozado, completamente desmoralizado. La mente, que todavía no está del todo adiestrada, clamará: «¡No puedo más!», «¡Esto es insoportable!» y demás ideas exageradas e irracionales. Muy bien: estaremos preparados para cuando ocurra.

Para estos momentos, es esencial disponer de un plan de acción, saber qué hacer mientras la ansiedad arrecia: mantenernos ocupados haciendo algo útil o algo que sirva de refugio. Pero, atención, es muy importante que ese refugio no sea una huida ni una evitación. Por supuesto que buscaremos un lugar donde estar cómodos, pero sólo después de exponernos a la ansiedad o al miedo. La idea es acomodarse en nuestro refugio para llevar a cabo el cuarto paso de Claire Weekes: dejar pasar el tiempo.

Se trata de:

a) Exponerse y

b) pasar el tiempo con una ocupación útil o cómoda.

EL DOLOR QUE CURA

Hace tiempo leí la autobiografía de Lance Armstrong, el ciclista norteamericano que ganó seis Tours después de superar un severo cáncer que estuvo a punto de llevárselo por delante. Lance llevó muy bien su enfermedad. Recuerdo que, durante todo el proceso, colgaba en las redes fotos entrenando, completamente calvo por la quimioterapia, o visitando a otros enfermos sonriendo y en plena forma anímica.

Lance tuvo que pasar por operaciones cerebrales para extirpar los tumores y por múltiples ciclos de quimio. Un periodista le preguntó cómo lo había hecho para llevar tan bien su enfermedad y los tratamientos, y él respondió así: «Justo después de la quimio, cuando estaba en la cama destrozado, vomitando, pensaba: "¡Muy bien, quimio, haz tu trabajo! ¡Dales a las células cancerígenas!". Tenía muy claro que aquello me estaba curando, así que era bueno».

Nosotros podemos hacer algo similar a lo que hizo Lance: entender que las recaídas forman parte del proceso. Nos están curando. Nos interesan.

Recordémoslo una vez más porque este matiz es esencial. Durante todo el proceso de curación habrá lucha, dudas y períodos de progreso muy lento (incluso retrocesos), pero, por supuesto, eso no va a detenernos.

Cientos de miles de personas que han pasado por ahí antes nos dicen claramente: «¡Todo ese esfuerzo vale la pena porque estamos labrándonos la libertad!».

REAPRENDER UNA Y OTRA VEZ

Podríamos decir que la terapia consiste en aprender a ignorar a la mente que, de forma natural, grita para que nos apartemos del peligro. Nuestra tarea consiste en persistir a la intemperie dentro de esa loca tempestad, ignorando sus mensajes. Nuestro trabajo es aprender bien esta tarea —¡ignorar a la mente!—, cada vez mejor, con mayor facilidad, con más comodidad.

No hay duda de que durante este aprendizaje habrá desesperación, cansancio, dolor emocional, desorientación, sensación de pérdida, incertidumbre. Pero, a medida que aprendamos a encauzar todo eso, se obrará el milagro.

Al principio se producirán unos cuantos días de liberación maravillosos. El sol saldrá, lo iluminará todo y la mente quedará despejada como un estupendo día soleado tras la lluvia. Sin embargo, a continuación sufriremos una fuerte caída que nos colocará de nuevo en la lona y pensaremos que todo está perdido, que nunca nos curaremos. Pero seguiremos trabajando y llegará otra buena racha. Y, así, poco a poco serán más los días buenos y menos los malos. ¡Y estaremos cada vez más cerca de nuestro feliz destino!

Pero detengámonos un poco más en las recaídas, preparémonos mejor para que no nos pillen por sorpresa. Habrá días en que no tendremos fuerzas para levantarnos de la cama, en que estaremos hartos de tanto miedo, de tanta debilidad. La mente tratará, entonces, de convencernos de que huyamos: «Ya no puedo más. ¿Cómo puedo detener esto? ¿Y si pruebo algún antidepresivo o tranquilizante? ¡Necesito descansar!».

En esos momentos podemos acudir a este libro y releerlo, escuchar o ver los materiales que publico en las redes sociales, salir a pasear y hablarnos para concienciarnos de nuevo. Decirnos:

- «¡Éste es el camino! Voy a tener fe en él.»
- «Aunque todavía no me salga muy bien, seguiré como sea.»
- «Estoy dispuesto a morir.»
- «En realidad, no tengo otra opción que seguir trabajando.»
- «Vivir en la miseria de la debilidad mental no vale la pena: no es una opción».

Y, más temprano que tarde, superaremos esa recaída y nuestra mente neurótica se hará cada vez más débil. Y nuestra mente sabia, ¡más robusta!

En medio de la lucha, tropezaremos con serios obstáculos. Buscaremos salidas, pero la mente continuará frenética. Notaremos el pecho dolorido o ganas de vomitar. Querremos continuar con el trabajo pero nos sentiremos paralizados por el miedo.

En esos momentos, será bueno recordar que la ansiedad y el miedo no son más que humo. Son unos embusteros que intentan engañarnos todo el tiempo. Ante una recaída, quizá tendremos la sensación de que hemos retrocedido hasta el mismo punto de partida. O, peor aún, que hemos ido a parar incluso más atrás, que estamos peor que nunca. Pero no es verdad. ¡Atento! NUNCA es verdad. Sigue adelante y muy pronto lo comprobarás. ¡No hay otra opción!

Las personas cuyos casos he descrito a lo largo del libro, como la política que superó sus ataques de ansiedad o Juan, el empresario infiel, también tuvieron que pasar por recaídas, por fases descorazonadoras, pero recordemos que lo esencial es continuar hasta que llegue el milagro de la desensibilización. En el momento de la recaída nos parecerá imposible —hasta extraño— porque entonces se percibe la vida de una forma neurótica, pero el milagro llega, sin lugar a dudas: basta con perseverar y no apartarse de la hoja de ruta. Seguir y seguir. De manera imperfecta, pero seguir.

UNA MONTAÑA RUSA NECESARIA

Un expaciente llamado Óscar, que superó un trastorno de ataques de pánico, me envió, al terminar la terapia, un escrito con una descripción muy detallada de su proceso de recaída y posterior levantarse y continuar.

Había días que me los pasaba temblando, con las piernas débiles y el corazón golpeando como una locomotora. Tenía que obligarme a salir de la cama y ponerme en marcha. Esos días me invadía el temor y la desesperación.

Tengo mucha fuerza de voluntad, así que he llevado la tera-

pia a rajatabla, pero, aun así, no ha sido un camino fácil. Tuve que resistir y pelear. Hubo días que parecía que no podía más. De verdad.

Sin embargo, a medida que avanzaba, empecé a tener horas frescas, completamente excelentes, que me confirmaron que éste era el camino correcto. Luego esas horas se transformaron en días. ¡Uau! Hacía años que no estaba tan bien. Pero invariablemente, después del cielo, venía el infierno. Tras ese período genial, venían otros de caída, lucha y desesperación. Hasta que, un buen día, la lucha se volvió mucho más fácil. Más que una lucha era ya un entrenamiento. Mi mente estaba consolidando mi nuevo escenario de salud.

Mi proceso fue como una montaña rusa. Y, ahora que estoy completamente curado, sé que todo el viaje fue un ascenso, aunque no lo pareciera, que todas las recaídas fueron necesarias porque enseñaban algo a mi mente.

Hoy me siento un hombre nuevo, más fuerte de lo que nunca imaginé, y sé que esas experiencias fueron claves en mi crecimiento.

IMPULSADA POR LA RABIA

Ya hemos visto que, en la actualidad, existen *coaches* especializados en los temas que tratamos en este libro. Suelen ser personas que han superado un trastorno de ataques de pánico o un TOC y que desean ayudar a «novatos» que empiezan su autotratamiento.

Casi todos emplean alguna variación del mismo método conductual que explicamos aquí. Uno de los mejores se llama

Drew Linsalata, un simpático norteamericano de unos cuarenta y cinco años, informático de profesión, que dedica buena parte de su tiempo libre a divulgar el método de Claire Weekes.

De forma altruista, Drew mantiene una web llamada *The Anxious Truth* y una página de Facebook que es una suerte de grupo de apoyo. En lo que se refiere a la ansiedad, Drew Linsalata es lo mejor que he visto en la red y coincido en casi todos sus postulados.

Durante años, Drew padeció fuertes ataques de ansiedad con todos los síntomas asociados posibles (despersonalización, obsesiones, agorafobia...) y pasó épocas muy difíciles hasta que dio con el método de los cuatro pasos de Weekes.

Tras realizar una autoterapia completa, Drew se siente ahora curado del todo. Tiene una vida hermosa, éxito y salud, pero no se ha olvidado de los grupos de apoyo online que conoció durante su recuperación, sino que, de forma completamente desinteresada, trabaja para ayudar a otros en su empeño de salir del pozo.

En su web, Drew da charlas e invita a otras personas para que expliquen su propio proceso de superación. Me gusta en especial uno de sus testimonios, el de Joyce, una mujer de unos cincuenta años. Aquí tenéis un extracto de lo que Joyce explicaba en una entrevista con Drew, publicada en su web *The Anxious Truth*:

> Hace un año me hicieron una operación de cirugía en el cerebro. Todo fue bien, pero al cabo de dos días tuve unos síntomas parecidos a un ictus: la vista borrosa, la cara adormecida, etc. Y realmente me asusté. Pensaba que sufría un

derrame o algo así. Me puse muy nerviosa y tuve entonces mi primer ataque de ansiedad. Inmediatamente, acudí al cirujano que me había operado. Me dijo que no había de qué preocuparse, que esos síntomas eran producto del postoperatorio. «¡Qué alivio!», pensé. Pero, por lo visto, la ansiedad aguda que pasé ese día quedó grabada en mi mente y ahí empezó la pesadilla de la ansiedad. A partir de entonces, día tras día, me iba poniendo cada vez más nerviosa, pero no sabía realmente qué me pasaba. Aquellas dos sensaciones del inicio —la vista borrosa y la cara adormecida— desaparecieron, pero quedó la ansiedad. Y era tanta la ansiedad que dejé de hacer muchas cosas: salía menos de casa y me agobiaba por pequeñeces. Hasta que llegó el superataque.

Un día, en el trabajo, varios clientes coincidieron en preguntarme cómo me encontraba tras la cirugía y, no sé por qué, me puse muy nerviosa. La ansiedad creció y creció, y acabé marchándome a casa. En cuanto llegué, me puse peor: empecé a llorar como una loca y me entró un ataque de pánico terrible. Y el problema alcanzó una magnitud increíble porque aquel último ataque me dejó asustadísima.

Al día siguiente, mi médico de cabecera me dio ansiolíticos y los tomé, pero la cosa empeoró. Recuerdo que, al cabo de unos cinco días después de ese primer ataque, me levanté por la mañana, me miré en el espejo y me asusté al ver mi propia cara. ¡No me reconocía! ¿Qué narices me estaba pasando?

Pasé tres meses completos sin salir de casa, en un constante estado de nervios y con dos o tres ataques de pánico diarios. Recuerdo haber dicho a mi pareja: «¡No sé qué me ha pasado que me da miedo todo!».

Durante esos tres meses estuve de baja del trabajo. Me

pasaba todo el día en casa, sentada en una esquina del sofá, temblando, en estado de completa ansiedad. No podía ver la televisión ni leer porque no me podía concentrar. Tan sólo soportar aquello. Cuando, por la tarde, llegaba alguien por fin a casa, me echaba a llorar en sus brazos.

Cuando ahora pienso en aquella Joyce, tan asustada, me parece increíble porque siempre he sido una persona muy fuerte, que se hace cargo de todo el mundo. De hecho, durante ese tiempo, me castigaba a mí misma por estar así. Por ser tan incapaz.

Al cabo de esos tres meses toqué fondo. ¡Me pasaba todo el día en el sofá (o en el suelo) y el miedo me perseguía constantemente! Y me dije: «¡No puedo más! ¡O resuelvo esto o me muero!».

Empecé a buscar soluciones por internet y di con Drew Linsalata y su grupo. Vi que seguían el método de una mítica terapeuta llamada Claire Weekes. Y lo tuve claro: ¡eso me iba a curar! Y enseguida me puse a trabajar, a exponerme: bajar la escalera de mi casa, salir a la calle e ir a comprar a la tienda de la esquina. Cada una de esas tareas me costaba un mundo, pero las hacía. Recuerdo el primer día. Mi pareja me animaba a bajar la escalera de mi propia casa y yo le decía: «¡No puedo!». Y ella: «Sí. ¡Sé que puedes! ¡Vamos, Joyce!».

En dos semanas, ya estaba caminando tranquilamente por mi barrio.

La clave de mi recuperación fue mi confianza ciega en el sistema, porque tuve que tirarme a la piscina sin mirar muchísimas veces. Lo que experimentaba me abrumaba, pero, tras leer varias veces a Claire Weekes, me dije: «Joyce, si no sigues este método, sólo te espera la muerte en vida».

Otra cosa que me ayudó es que estaba muy cabreada con el trastorno y esa energía me dio mucha fuerza para trabajar.

Durante seis meses me estuve esforzando a tope con la exposición: todos los días, sin un solo día de descanso. ¡Ni uno!

Al cabo de unas semanas, ya no estaba mal cada maldito segundo del día, como al inicio. Al cabo de dos meses, muchos días estaba casi completamente bien. Y, así, poco a poco, fui recuperándome. La clave es, sin duda, sentirte cómoda dentro de la incomodidad. Tienes que aprender a tener fe en el sistema porque, de lo contrario, no batallarás el tiempo necesario.

Ahora soy otra. Ya no tengo miedo a nada. Me siento mejorada. Soy una mejor versión de mí misma porque sé cómo tratar mis emociones como poca gente sabe. Y quiero disfrutar de la vida, exprimirla hasta que me muera.

Este trabajo es difícil, pero vale la pena. Yo estaba tan harta de estar mal, tan enfadada, que fui hasta el final con toda determinación. Haz tú lo mismo, por favor.

En este trabajo conductual, que tantos han llevado a cabo, habrá momentos de desánimo, desorientación y temor. Nos encontraremos perdidos. Quizá suframos una recaída, hayamos vuelto atrás, hayamos huido o evitado, y sintamos que el malestar nos ha invadido de nuevo. Puede que percibamos que estamos peor que nunca. Y que nos invada un desánimo total.

Para retomar el camino y avanzar hacia nuestro destino con paso decidido, podemos tener a mano estos tips y usarlos a modo de recordatorio:

Tips de refuerzo para el trabajo conductual
• «Estoy harto, así que haré todo lo necesario para salir de esto. Cueste lo que cueste.» • «Acepto totalmente todas las emociones negativas. TODAS. Y en la medida que sea necesario.» • «Si me muero, me muero.» • «Voy al encuentro de todas y cada una de mis presuntas amenazas, y que sea lo que Dios quiera.»

Podemos escribir estos cuatro tips en una tarjetita y llevarla siempre encima. Cuando nos ataque el desánimo, podemos leerla tantas veces como sea necesario, una y otra vez, como un mantra, para retomar el camino correcto.

La ayuda

Ayudar es hermoso y cooperar es una de las maravillas de la vida. Sin embargo, en el caso de los trastornos que estamos tratando, hay que ir con mucho cuidado porque es muy frecuente encontrarse con «ayuda inadecuada», la cual, al final, es un impedimento.

Ya hemos visto que, con los ataques de pánico y las obsesiones, todo lo que contribuya a la huida, a la evitación, es gasolina para el problema. Y cuando alguien con ataques de pánico pide a su pareja que se quede en casa para protegerle, para atenderle en caso de ataque, se equivoca: está cayendo más profundamente en las arenas movedizas de la ansiedad.

Proteger a otro frente a la absurda ansiedad es multiplicar el trastorno. Y ayudar a realizar compulsiones también. De modo que es esencial evitarlo.

En este trabajo «nadie te va a salvar», como decía Silvia, la paciente con ataques de ansiedad de quien he hablado antes. Nadie puede hacer el trabajo por nosotros. Sólo uno mismo puede recorrer el camino.

La única ayuda posible es animar al otro a realizar los afrontamientos, estar al lado en la lucha, pero nunca evitarle el trabajo que tiene que llevar a cabo.

Recuerdo una paciente, Concha, que todos los días llamaba a su mejor amiga, Pilar, para sostener una conversación como la siguiente:

—¿Qué tal, cómo va todo, Concha? —preguntaba Pilar.

—Hoy estoy fatal. Esto es muy duro.

—¿Te sientes mal?

—Sí. Hoy he tenido nada menos que dos ataques de ansiedad. Estoy muy desanimada —respondía triste Concha.

—¡Venga, chica! ¡Vas en camino! ¡Sabes que eres mi héroe! ¡Dentro de nada serás libre! —la animaba Pilar.

—Dios te oiga. Porque, de verdad, nunca había hecho nada tan difícil —apuntaba Concha.

—Como te dice Rafael, ¡te estás forjando como persona! Ya verás: cuando seas libre por fin, te darás cuenta de que todo esto ha valido la pena. ¡Habrá valido mil veces la pena! —concluía Pilar.

Al cabo de un año, Concha ya estaba completamente recuperada. Y llevaba en el corazón la ayuda de su amiga Pilar, que estuvo siempre a su lado haciendo lo más difícil: asistien-

do sin intervenir, dejando que su amiga llevase a cabo por sí
sola lo que tenía que hacer. Ésta es la actitud de ayuda correcta: dar fuerza, amor y
empuje verdadero. Una ayuda que nos anima, pero que no
nos protege. Una asistencia comprensiva que nos proyecta
hacia la superación, el crecimiento, la victoria.

LAS MAÑANAS

Todos los autores que hablan del tratamiento conductual de
los ataques de ansiedad abordan en algún momento el delicado tema de «las mañanas». Y es que, durante las mañanas,
por alguna razón, es habitual despertar con miedo. Aunque
ya llevemos un tiempo mejorando, es posible que tengamos
esa fea sensación de comenzar el día de la peor manera: llenos
de ansiedad.

Claire Weekes, la pionera en el tratamiento de los ataques
de pánico, recomendaba levantarse inmediatamente de la
cama y activarse. Ducharse, desayunar rápido y salir de casa.
No dar tiempo a la mente a desanimarse.

No hay que asustarse ante la ansiedad matinal; es algo habitual y la forma de acabar con ella es continuar realizando el
trabajo conductual con determinación y sin prestarle atención.

Drew Linsalata, responsable de *The Anxious Truth*, la
web de ayuda mutua para los ataques de ansiedad, describe
así cuál era su ritual matutino:

> Durante todo el tiempo que estuve haciendo el trabajo
> conductual, tenía la siguiente rutina al despertar: me levanta-

ba y me vestía de inmediato para salir a hacer las cosas que me daban miedo. Nada de medicación. Nada de hierbas ni suplementos. Nada de autocompasión. Nada de cuidarse a uno mismo. Solamente una determinación total a adentrarme en el pánico todos y cada uno de los días.

Tenía un trabajo: aprender a experimentar ansiedad, pánico y miedo de la forma apropiada con la intención final de no volver a tener miedo nunca. Tenía que realizar ese trabajo aunque fuese el último. Punto.

LOS ANSIOLÍTICOS Y EL SUEÑO

Por supuesto, mientras se lleva a cabo el trabajo conductual, no se pueden tomar ansiolíticos. Los tranquilizantes son evitaciones y, por lo tanto, gasolina para el problema. Como cualquier evitación, al principio parece que los ansiolíticos funcionan, pues calman. Pero, sin duda alguna, justo después, la mente los computa como «evitación» y, en consecuencia, incrementan la ansiedad de forma exponencial, tal como explicamos en el capítulo sobre el círculo vicioso de la ansiedad.

De hecho, todos los terapeutas cognitivo-conductuales, ante pacientes que toman ansiolíticos, diseñamos en primer lugar una retirada. De lo contrario, no es posible iniciar la terapia propiamente dicha.

Otra cosa es el uso de ansiolíticos para dormir. Si los tomamos esporádicamente y sólo para dormir por la noche, pueden resultar una ayuda beneficiosa. En otras palabras, siempre y cuando los tomemos para asegurarnos de que va-

mos a dormir tras varias noches sin conseguirlo y durante el
día llevemos a cabo el trabajo conductual. Entonces, sólo
entonces, podemos permitírnoslos sin que interfieran con el
progreso. Y aun así, como precaución, no tomarlos hasta las
dos de la madrugada. Es decir, intentar conciliar el sueño sin
tomar nada, sabiendo que, si no tenemos éxito, a las dos podremos recurrir a un ansiolítico.

La idea de la toma retardada previene que nos preocu-
pemos de si vamos a dormir o no porque sabemos que tenemos un plan B, con lo cual, conciliaremos el sueño con más
facilidad.

Sin embargo, después de las cinco de la mañana ya no hay
que tomar ninguna pastilla porque a las pocas horas habrá que
despertarse para iniciar con energía la jornada de exposición.
Tomar el ansiolítico más tarde de las cinco de la mañana nos
provocaría un cansancio que no nos interesa.

En este capítulo hemos aprendido que:

- Hay que entender las recaídas como algo necesario y
  positivo.
- Podemos encontrar refugios, pero sin evitar, sin huir
  de la ansiedad.
- La mejor ayuda para alguien con ansiedad u obsesiones es no protegerlo.
- Estar ansioso por las mañanas, nada más despertar, es
  normal. No debe asustarnos.
- Los ansiolíticos son un impedimento para la cura.

18

Sentir y prolongar

> En lugar de quejarnos o rechazar la experien-
> cia, podemos dejar que la energía de la emo-
> ción, la calidad de lo que estamos sintiendo,
> nos atraviese el corazón. Esto es más fácil de
> decir que de hacer, pero es una manera noble
> de vivir.
>
> PEMA CHÖDRÖN

David es un joven de veinticuatro años que tuvo un episodio de ansiedad aguda que le desmontó la vida. Un día dio por casualidad con mi libro *Nada es tan terrible* y se autoaplicó la terapia de los cuatro pasos. Durante los meses que estuvo trabajando me enviaba mensajes a través de Instagram y yo le daba algunos consejos. En poco tiempo, zanjó el problema, pero se dio cuenta de que, además, había llevado a cabo una transformación más profunda: era una persona más sabia, fuerte y feliz.

Éste es el relato de su autoterapia, que muy amablemente me ha cedido para que sirva de testimonio:

Mi proceso ha durado siete meses. Empezó por un huracán y acabó con un ligero levante, ¡muy agradable, por cierto!

Todo empezó en 2019. En octubre murió una persona importantísima para mí y eso me afectó mucho. Y en noviembre me entregaron las llaves de mi nueva casa (la ilusión de mi vida) y me fui a vivir allí con mi novia.

Todo iba genial. Estábamos eufóricos y tanta emoción nos llevó a adoptar un cachorrito de bichón maltés ¡precioso!

Todo genial. Pero de repente, al cabo de una semana —me acuerdo muy bien de las fechas—, mi vida cambió por completo:

- *Ladridos del cachorro (normales).*
- *Cagadas y meadas por la casa (también normales).*
- *Y, sobre todo, unos arañazos en el sofá nuevo (también normales) que desembocaron en un fuerte ataque de ansiedad.*

¡Y ahí apareció el huracán!

Los días siguientes me quise poner a salvo del huracán, pero, cuanto más me escondía, más fuerte venía hacia mí. La ansiedad tenía como un radar que olía el miedo, y me encontraba siempre. Yo, para esconderme de él, me metía, cada vez más, bajo tierra, pero la ansiedad siempre me encontraba.

Obviamente, no recomiendo enfrentarse a los huracanes físicos, pero a los mentales sí. ¡Por supuesto que sí!

Llegado a ese punto, lo del perro era lo de menos. Aquella anécdota abrió una cajita en mi mente. La cajita del delirio. Y empecé a angustiarme con todo.

Recuerdo algunas de las cosas que me decía: «¡Dios, ahora no puede ser, que empiezo mi nueva vida con mi novia!», «¡Joder, esto no va a acabar nunca! Y encima mi novia me verá mal y se pondrá igual», «¡Señor, menudo peligro! ¿Y si me quedo así para siempre?».

Recuerdo un día que vi a una señora comprar unos tomates y pensé: «Pero ¿para qué querrá tantos tomates? Seguro que tiene mucha gente en casa y mil agobios... ¡Joder, pero se la ve feliz! ¡Y yo me agobio por un perro! Madre mía, estoy enfermo; estoy loco. ¡Y esa señora venga a comprar tomates!».

¡PUM! ¡Otro ataque de ansiedad!

Mis pensamientos alarmantes podían lanzarme hacia el precipicio de la ansiedad en cualquier momento.

Me tiré diciembre y mediados de enero pensando miles de cosas raras, sintiendo angustia permanente, ataques de ansiedad enormes, con el sueño muy tocado, poca hambre, poca relación con la gente, muy nervioso, muchísimo miedo, muchísima pena por pensar que siempre estaría así...

Creía que sería imposible cambiar porque «sentía» todos esos pensamientos y emociones de forma muy intensa y real. Incluso creía que «ahora» me había dado cuenta de la realidad: que la vida es así de difícil, que llevaba veintitrés años engañado y que todos estaban engañados. Yo era el que tenía razón, rayándome por la señora de los tomates, y el resto de la gente estaba loca por mirarla y no alarmarse como yo.

Llevaba dos meses muy mal. Me sentía muchísimo peor que el día en que murió aquella persona, al inicio de mi debacle. Estaba claro que no era normal sufrir más por las tonterías de un perrito que por el fallecimiento de un ser querido. Algo funcionaba mal dentro de mí. Estaba perdidísimo. Creía que nadie podía enseñarme el camino de salida, pero llegó Rafael Santandreu y su libro Nada es tan terrible.

Ahí empezó mi proceso de vencer al huracán: ¡por un libro!

Yo, que no leía nunca. En el instituto era de los que usaban los libros para calzar la mesa. Y en cambio ahora estaba leyendo un libro con entusiasmo, ¡para volver a ser feliz! (aprovecho para decir que debería aprenderse psicología cognitivo-conductual en el colegio).

El libro me costaba un poco porque mi mente, aunque siempre ha sido muy racional, ahora estaba alterada. Y también agotada de tantísima rayada diaria. Leía una página y me calmaba. Parecía que ya lo sabía todo. Dejaba el libro un rato y ¡me rayaba de nuevo!

Recuerdo pensar: «¡Este psicólogo está flipando, lo que dice no sirve para nada!». Y entonces lo releo y, ¡uau!, se cierra la caja del delirio, se abre de par en par la del razonamiento y me digo: «¡Qué verdades suelta este tío! ¡Así es la vida, joder!». Y, a las cuatro horas, otro ataque de ansiedad. Y el libro vuelve a ser una mierda y todo es una mierda.

Así me tiré unas dos semanitas, sin darme cuenta de que estaba cerrando un poquito cada vez la caja del delirio y abriendo la del razonamiento y el sentido común.

He de decir que aún me acompañaba el huracán mental, que, por supuesto, iba perdiendo fuerza, aunque aún molestaba mucho.

Fui leyendo ¡y releyendo! También sus otros libros. Pasó enero, febrero, principios de marzo... Mejoraba, pero de vez en cuando todavía me decía: «¡Joder, el huracán continúa! ¡Dios mío, cuánto tiempo llevo ya con esta tortura!». Y, al rato, mi caja del razonamiento me susurraba muy suavemente y con cierta timidez: «David, ¿de verdad llamas a esto huracán? ¡No estás tan mal! No exageres tanto. Has logrado cambiar bastantes cosas en este tiempo. Es cierto que el huracán continúa y molesta mucho, pero ha perdido mucha fuerza».

Dejadme que, en este momento de mi relato, dé un consejo a quien lo esté pasando mal: busca ayuda. Una cosa es estar triste puntualmente o tener algún momento de bajón, y otra es estar perdido o tener algún tipo de trastorno. Si es así, pide ayuda. Preferiblemente, a un psicólogo cognitivo-conductual.

Cada caso es diferente, pero el método es siempre el mismo, el que yo he aprendido con Rafael: los famosos, mágicos e increíbles cuatro pasos.

De verdad, puedo asegurar al cien por cien que con afrontar, aceptar, flotar y dejar pasar el tiempo no sólo te curas, sino que ¡mejoras con respecto a quien eras antes!

Y diría que hay incluso un quinto paso, DISFRUTAR, porque, después de pasarlo tan mal, disfrutas muchísimo más de la vida. Por eso digo que, más que curarte, te conviertes en alguien mejor. ¡Muchísimo mejor!

Quizá parezca un poco masoquista, pero ahora recomiendo pasarlo jodidamente mal una vez en la vida. Lo recomiendo porque, al pasar por ese pequeño infierno, he descubierto que no existen pozos sin salida.

He descubierto lo bonita que es la vida y el poder mental que tenemos dentro de nosotros. Para mí, ese poder es alucinante, como una droga que te hace muy feliz. Puedo decir que a mí ya nada me da miedo.

A partir de marzo de 2020, el mundo cada vez iba peor —la pandemia, el paro, las muertes...—, pero, curiosamente, yo veía el mundo cada vez mejor. Y eso sí que es una experiencia increíble, porque, para alguien con ataques de ansiedad, todo este lío de la pandemia podría haber sido la guinda del pastel. Pues ¡para nada!

Afronté, acepté, floté y dejé pasar el tiempo respecto a todo:

la ansiedad, los pensamientos tontos, las emociones exageradas, la pandemia, el virus... Lo acepté tal como era. Y eso lo
calmó todo.

Ha sido un proceso duro pero maravilloso. Si bien es cierto
que existen recaídas, y que te dejan una sensación de fiasco.
Como me pasó a mí: durante un período había visto el huracán
lejísimos y estaba feliz y, de repente, venía otra vez a toda velocidad y me golpeaba de frente. Eso me dejaba muy descolocado.
Me preguntaba: «Pero ¿no lo estaba haciendo bien? ¡Con lo
que me ha costado alejarlo de mí! ¿Qué hace aquí de nuevo?
¡No puede ser!».

Sin embargo, la cajita del razonamiento ya estaba por encima
de la cajita delirante, y me decía: «David, afróntalo de nuevo.
Ya has visto que puedes. Vamos, acéptalo. Lleva su ritmo, flota.
¡Si estar vivo ya es estar flotando! Deja pasar el tiempo. A medida que pasa el tiempo vas mejorando, ya lo has comprobado».

Y, por fin, mi quinto paso: «Disfruta de que estás mejor que
antes. Eres más maduro y más sabio. ¡Disfruta de que eres mejor persona!».

Entre muertes, pandemias, confinamientos, mascarillas y
miles de cosas que elevan la ansiedad, yo conseguí reducirla a
pasos agigantados. Hasta «eliminarla». Y lo escribo entre comi-
llas porque la ansiedad es algo natural y sigue en mí y en todo el
mundo, pero yo me he encargado de no despertarla mucho. Y si
se despierta, he aprendido mil nanas para volver a dormirla.

Sin ir más lejos, la semana pasada me dio un ataque de ansiedad justo cuando me iba a dormir. Ya llevaba nueve meses
genial y, sin previo aviso, me dio el ataque. Pero me duró un
minuto y desapareció. Y lo mejor es que no me preocupó ni
pizca haberlo tenido.

Ahora acepto todo lo que venga. No busco culpables ni explicaciones. Puedo con todo hasta que la naturaleza, finalmente, pueda conmigo y me muera.

Para acabar, quiero decir que, sí, lo he pasado bastante mal. La ansiedad es muy angustiosa y muy jodida, para qué nos vamos a engañar, pero mi gran mensaje de ánimo es éste: «Si estás viviendo algo así, no te angusties porque no hay peligro: no hay nada malo, todo es normal. No niego que te sientas fatal. Eso es real. Pero lo que no es real ni lógico es el porqué, el cómo piensas y el cómo actúas. Así que busca ayuda. Un psicólogo está para cerrarte la caja del delirio y abrirte la del raciocinio. Eso hizo Rafael en mí.

Al principio no le entendía. No me creía lo que decía. Yo me había estudiado otra teoría, pero sus argumentos eran mejores y más razonables, y acabaron por hacerme sentir feliz.

He aprendido miles de cosas. Todo empezó por un cachorro, y ahora he aprendido a escuchar, a tener paciencia, a aceptar la vida tal como es, a mantener la caja del delirio cerrada y, si se abre, a saber cerrarla; a tener mucha compasión por la gente. Antes era un quejica y un criticón. Prefiero el David de ahora, que es compasivo y disfruta de hacer feliz a la gente, ¡a la que sea!

Con este trabajo se aprende y se madura muchísimo.

Tengo pequeños diarios de cómo me sentía esos días. A veces los leo y hasta me río. Vaya cosas decía. ¡Yo no soy aquel David!

¡Cambiar es posible!

Puede sonar todo muy extraño. Yo leía a Rafael y pensaba: «Este tío está loco». Pero noté ese clic mental del que habla Rafael.

Por supuesto que NADA ES TAN TERRIBLE. Por cada día malo, vives dos buenos. Así que, sin miedo al sufrimiento, nos ocupamos de lo que está en nuestras manos, disfrutando de lo que nos rodea.

Ahora siento que llevo puestas las gafas de la felicidad. Tengo el equilibrio perfecto para que la balanza no se desequilibre. Ya no hay huracanes ni cajas del delirio abiertas. Es verdad que sentí esos vientos locos, pero, en realidad, eran producto de mi imaginación: nunca existieron.

EMPEZAR SÓLO POR UNA PARTE

Muchas veces, cuando las emociones negativas nos atenazan, sentimos que no tenemos fuerzas para hacer lo que teníamos planeado. Recuerdo el caso de un paciente llamado Mario que me explicaba lo siguiente:

—Hay mañanas que me levanto con ansiedad. Me da miedo que la jornada sea otra tortura. Y entonces no tengo fuerzas para salir a correr, que es lo que suelo hacer. No tengo ganas, ni fuerzas ni capacidad».

—Siempre que te suceda eso —le contestaba yo durante las sesiones de terapia—, levántate inmediatamente de la cama, ponte la ropa de deporte y sal de casa. No es necesario desayunar. Y te tienes que decir: «Voy a correr la mitad del tiempo habitual». Intenta cumplir con ese objetivo. Después, si ves que puedes continuar, lo haces.

Al cabo de una semana, me explicó cómo le había ido:

—He ido todos los días a correr. Y no sólo eso: ¡he hecho más deporte que nunca! Varios días me levanté con ese agotamiento del que te hablé, pero salí de casa dispuesto a correr la mitad del tiempo, como dijimos. Sin embargo, al acabar, me vi con ganas de completar la otra mitad. Y no te lo creerás: al acabar de correr, me dije: «Aunque no tengas ganas de hacer flexiones, haz al menos la mitad de lo habitual». Y otra vez, al final, conseguí hacer una sesión completa de flexiones. Incluso, para rematar, hice unas series extras de abdominales. Así que ya domino la técnica: se trata de ponerse en marcha con un miniobjetivo y luego intentar completarlo. ¡Es genial!

A esta estrategia la he bautizado con el nombre de «Empezar sólo por una parte», y podríamos definirla como aprender a superar la impotencia psicológica mediante la simplificación de la tarea. Resumamos cómo funciona. Cuando sintamos emociones de incapacidad:

- Obliguémonos a empezar bloqueando la mente y saltando a la piscina.
- Planteémonos completar sólo una parte de la tarea. Por ejemplo, el 50 %.
- Una vez acabada, si tenemos más fuerzas, nos ponemos con el otro 50 %.

Generalmente se obra la magia: logramos completar el objetivo. Y lo que es más importante: ganamos confianza porque constatamos que esa emoción negativa llamada «impotencia psicológica» no tiene poder sobre nosotros. En poco tiempo, ni siquiera aparecerá.

Sentir el síntoma

Ya hemos visto que la aceptación es la clave del trabajo conductual que estamos haciendo. Y que la «no aceptación» (el miedo o el rechazo) es el verdadero responsable de la neura. Para alcanzar la aceptación profunda necesaria, podemos hacer el ejercicio de «sentir el síntoma», esto es, centrar la atención durante unos minutos en la ansiedad que sentimos.

«Sentir el síntoma» consiste en abrirse totalmente a todo lo que estamos sintiendo, dejar que nos invada. Un buen sistema para conseguirlo es describir mentalmente lo que nos sucede, con todo detalle. Un paciente me envió la siguiente descripción de uno de sus momentos malos:

> Ahora mismo no me siento con fuerzas para nada en absoluto. Incluso respiro con dificultad. Noto como una presión en la cabeza. Me siento abatido y no sé dónde meterme porque mi mente me pide huir y buscar refugio. Pero no hay refugio para esto. Siento bastante debilidad física y mucho miedo. La mente me va muy rápido, buscando salidas a cómo me siento: «Si hago esto, ¿me encontraré mejor? ¿Y si hago aquello?». Pienso en lo que me queda de día y temo sentirme incluso peor y no soportarlo.

Mientras describimos mentalmente las emociones, intentamos sentirlo todo abiertamente, inundarnos hasta arriba. Acto seguido, podemos decirnos: «Si tuviera que estar así toda la vida, me adaptaría de alguna forma. Buscaría pequeñas obras buenas, actos valiosos, y listo. Soy capaz de aceptar estar así toda la vida».

A esta segunda maniobra la llamo «prolongar el estado emocional en el tiempo». Consiste en imaginar que podríamos estar así durante toda la vida y, de alguna manera, adaptarnos a ello.

Esta doble estrategia profundiza en la aceptación:

1) Sentir el síntoma.
2) Prolongar el estado emocional en el tiempo.

Cuando estemos mal, intentemos llevar a cabo esta maniobra doble de aceptación (sentir y prolongar), pero no esperemos estar mejor haciéndolo. Los resultados llegarán a la larga. Con esta estrategia nos aseguramos de que aceptamos, de que nos metemos bien en el barro.

LA LISTA DE LAS CICATRICES

En la superación de los trastornos de ansiedad se dan numerosas pequeñas batallas: algunas que parecen claras victorias; otras, patéticas derrotas.

Noches sin dormir, agotamiento, miedo cerval, derrumbamientos, crisis totales, caídas en el abismo, descenso a los infiernos... ¡Sí! Pero si nos atenemos a nuestro plan conductual, al final siempre nos aguardará la victoria.

Sin duda, en el camino habrá episodios tremendos que dejarán cicatrices como las de un guerrero espartano. Y hay que sentirse orgulloso de llevarlas en la piel, porque esas cicatrices, ese trabajo, son el único y verdadero camino hacia la plena madurez, la fuerza y la libertad total.

Las cicatrices surgen después de cada batalla de exposición, sobre todo esas que han sido especialmente duras. Esas que nos han puesto contra las cuerdas, que nos han hecho pensar «¡No puedo más!». Esas en las que hemos mordido el polvo.

Una vez pasadas, podemos enseñar esas cicatrices a nuestros seres queridos, henchidos de orgullo: «Esta semana apenas he podido dormir, he sufrido una ansiedad tremenda y he pensado en tirar la toalla y hasta en suicidarme. Pero, ¿sabes?, ha sido una semana genial. Porque, pese a todo, he seguido trabajando y veo claro que estoy en el camino de la curación total».

SER MACRON

En esta vida, muchos son los que aparentan seguridad y aplomo, pero pocos los que poseen de verdad estas cualidades. La auténtica fortaleza se gana en el campo de batalla. Y, sí, es perfectamente posible adquirir una confianza y un sosiego constantes, pase lo que pase.

Con frecuencia, digo a mis pacientes:

—Dime un personaje de la política que te resulte admirable.

—Mmm, quizá Enmanuel Macron. Me parece un tipo con una gran seguridad —me responden.

—Genial. Pues sí, yo también estoy seguro de que el presidente Macron tiene una fortaleza especial. Lidia con problemas del tamaño ¡de un país! y su semblante está siempre relajado, sonriente, lleno de confianza —apunto.

—Sí, sí. Por eso lo admiro yo también —me suelen contestar.

—Pues quiero que, de vez en cuando, visualices a Macron o a cualquier otro dignatario y pienses: «Yo voy a ser como él. Mi trabajo forja personas así, de fuerza y seguridad extraordinarias».

La «visualización de la persona supercapaz» es una maniobra muy útil porque nos pone en el horizonte un futuro muy apetecible: adquirir el control y la seguridad que caracteriza a las personas más capaces del mundo.

Muy poca gente está dispuesta a realizar el tipo de esfuerzos que requiere la terapia conductual. Muy poca gente se labra su propia mente y aún es menos la que alcanza la verdadera fortaleza. Sin embargo, nosotros sí lo haremos, y eso no tiene precio, porque nos hará fuertes y felices en virtualmente cualquier situación.

Visualicemos, pues, a Macron, a Obama, o a quien sea, y planteémonos que muy pronto seremos así. Nuestro esfuerzo tiene ese maravilloso objetivo: ¡la fortaleza más bella!

TRES PASOS PARA ARRANCAR

Múltiples actividades de la vida necesitan lo que yo llamo «fuerza de arranque». Por ejemplo, ir al gimnasio después de un largo período de inactividad. En tales circunstancias, no es raro que dé mucha pereza y que la cabeza diga cosas como: «Bufff, ¿adónde vas? ¡El gimnasio está demasiado lejos!» o «Hoy estás muy cansado; mejor te quedas en casa».

Todos hemos comprobado en nuestra propia piel que en

esos momentos hay que reunir fuerzas y decirse: «¡Vamos, no te lo pienses más! Ahora no te apetece nada, pero dentro de unos días, cuando te hayas habituado, te encantará».

El trabajo conductual que estamos llevando a cabo necesita una notable fuerza de arranque. Y, para activarla, podemos plantearnos tres maniobras:

1) Tirarse por el terraplén.
2) Bloquear la mente.
3) Mañana será otro día.

Tirarse por el terraplén

La primera maniobra consiste en que nos lancemos, que nos tiremos a la piscina sin pensarlo dos veces. Como ya he comentado en un capítulo anterior, a mí me gusta llamarlo «tirarse al terraplén». No sabemos qué pasará, pero estamos dispuestos a todo, incluso a morir (la mente siempre plantea posibilidades exageradas y tenemos que aceptarlas).

Efectivamente, este primer paso nos exige que activemos el desprecio a la muerte del que ya hemos hablado. Podemos decirnos algo así: «Mi vida actual ya es una basura, así que no tengo nada que perder».

Bloquear la mente

En segundo lugar se nos exige que bloqueemos la mente. Nos vamos a meter de lleno en una actividad útil y la mente, por mucho que moleste, quedará en un segundo plano. No la vamos a escuchar.

Este paso es esencial porque en ese runrún está buena parte del problema. Si aprendemos a poner a raya ese discurso, tendremos gran parte del trabajo hecho.

La idea es que la mente diga lo que quiera. No vamos a prestarle atención. No vamos a contestar. No vamos a intentar resolver sus problemas ni a atender sus quejas.

Mañana será otro día

Por último, podemos decirnos: «Todo lo que tengo que hacer es acabar el día, y ¡eso sí puedo hacerlo! Tengo que resistir hasta que llegue la noche y, entonces, ponerme a dormir. Mañana será otro día y ya veré qué hago».

Este último paso consiste en pensar en un solo día cada vez, en no plantearse objetivos grandes sino pequeños. Es lo que hacen en AA cuando se dicen: «Mi objetivo es mantenerme sobrio día a día. Estar sobrio un día».

Dividir el esfuerzo en partes más pequeñas es siempre una gran estrategia. Por eso, pensar en resistir durante un día es suficiente. Cuando amanezca, ya nos ocuparemos de ese nuevo día, que será también de exposición. Ahora toca concentrarse en el presente, en hoy. Como dicen en AA, «Estar sobrio un día solamente».

Así que, a la hora de arrancar con la exposición, cuando nos encontremos con dificultades, cuando se nos haga cuesta arriba (cosa que sucederá), pensemos sólo en estos tres pasos:

- Terraplén.
- Bloquear la mente.
- Sólo por hoy.

Si cada día utilizamos este motor de arranque, nos encontraremos cada vez más cerca de la exposición perfecta, más cerca de la victoria y la libertad.

«NO ME SALE, PERO YA ME SALDRÁ»

María José, la paciente con ataques de pánico que llamaba a su ansiedad Julia, me explicaba así cómo fue su inicio con la terapia:

Al principio, la exposición no me salía. Ni por asomo. Cuando me daba el ataque por la noche, me levantaba y me ponía a limpiar la casa, como me había dicho mi terapeuta. Le hablaba a la ansiedad y le decía que me daba igual si estaba allí. Yo iba a hacer algo útil y sanseacabó.

Pero durante todo el primer año estuve intentándolo sin resultados. Era como tratar de abrir una cerradura sin saber la combinación numérica e insistir una y otra vez. Tardé mucho en coger el truco al asunto, pero ¡al final lo conseguí! Y ha sido la cosa más espectacular que he hecho en la vida.

Esas primeras dificultades que experimentó María José son esperables. Se trata de una primera fase en la que la cosa «no sale». Uno tiene la impresión de que no progresa —o que sufre demasiadas recaídas—. Hay que estar preparado porque es habitual.

Recordemos que María José consiguió perseverar, en gran medida, porque estaba harta de vivir con ataques de pánico. Pasó, nada más y nada menos, veinticinco años de sufrimiento, de «no vida», como decía ella misma. Y, por eso mismo, estaba completamente decidida a superarlo.

MUTACIÓN DE SÍNTOMAS

María José también experimentó un fenómeno muy común, aunque no sucede siempre. Se trata del desplazamiento de los síntomas. Cuando por fin perdió el miedo a los ataques de ansiedad, le sobrevino un dolor exagerado de hombros. Y después una pérdida parcial de la visión: veía negro pero sólo por una parte de la retina.

Muy asustada, acudió a varios oftalmólogos, que certificaron que no tenía ningún problema orgánico. Con la ayuda de la terapia, se dio cuenta de que la visión parcial era otra manifestación de la ansiedad que debía afrontar.

No es nada extraño que, mientras se lleva a cabo el trabajo conductual, surja un nuevo síntoma tras el principal, una vez que se ha resuelto éste. Sin embargo, muchas veces el segundo síntoma existe desde antes, aunque el primero, de mayor entidad, más apabullante, lo tapa. Los antiguos latinos describían este fenómeno como *Ubi maior, minor cessat* (En presencia del mayor, el menor cesa).

Así funcionan los miedos. Ante la presencia de un temor grande, nos olvidamos de la pequeña amenaza. Si veo venir un tsunami por la playa, la próxima inspección de Hacienda no me importará nada. Ni siquiera me acordaré de ella.

La llegada de ese segundo síntoma es, en realidad, una gran noticia porque indica que ya hemos hecho un gran progreso: ¡hemos eliminado buena parte del problema principal! Ahora sólo habrá que seguir con toda la fuerza y con el mismo método que ya conocemos.

En este capítulo hemos aprendido que:

- Ante el abatimiento, podemos simplificar la tarea, por ejemplo, fragmentándola, empezando por una parte y, si nos vemos con ánimos, continuando con el resto.
- Para asegurarnos de que aceptamos, una maniobra adecuada es sentir el síntoma y prolongarlo.
- La visualización de la persona supercapaz consiste en visualizarse como alguien a quien admiramos y entender que nuestro trabajo nos conducirá hacia ese modelo.
- Cuando la cosa se ponga difícil, apliquemos los tres pasos para arrancar:
    1) Tirarse por el terraplén.
    2) Bloquear la mente.
    3) Mañana será otro día.
- Es normal que el trabajo conductual no nos salga al principio, pero hay que perseverar.
- Muchas veces, los síntomas mutan. No hay que asustarse. Sólo seguir hasta acabar con todo.

19

Más que aceptación, rendición

> Tomar refugio en el Buda tiene que ver con re-
> nunciar a la esperanza de contar con un suelo
> bajo los pies.
>
> PEMA CHÖDRÖN

Jimena es una bella mujer de treinta y cuatro años, colom-
biana de Bogotá. Contactó conmigo a través de las redes sociales para explicarme cómo había superado el TOC y tuvimos una maravillosa conversación, que está publicada en
YouTube.

De todas las personas que conozco, Jimena es una de las
que mejor ha comprendido los entresijos del método conductual. Ella realizó el trabajo sola, sin la ayuda de psicólogos,
usando como guía mi libro *Nada es tan terrible*.

Jimena recuerda haber tenido episodios de TOC y ansiedad desde jovencita, pero el problema se le complicó hacia
los treinta años. En su relato, destaca que las claves de su
transformación fueron la fe en el sistema y la perseverancia
frente a las recaídas.

Tomó antidepresivos durante seis meses, pero llegó a la
conclusión de que no la ayudaban en nada y los dejó. Nunca
recurrió a los ansiolíticos.

Tardó un año y dos meses en curarse. Fue duro, pero su determinación fue total.

Éste es su relato.

*Mi nombre es Jimena Moreno y puedo decir que soy una amante de la vida. Me encanta la gente, la música, viajar...
¡Todo!*

Pasé una infancia feliz, aunque ya de pequeña tuve algunos episodios de TOC. Y mi hermano también. Quizá sea algo genético o algo que nos enseñó nuestra abuela, una mujer angustiada y angustiante.

De todas formas, mi adolescencia y primera juventud fueron bastante felices. Tenía algunos pensamientos obsesivos relacionados con la religión y la sexualidad, pero no me molestaban mucho. Llegaban, daban la tabarra un rato y se iban.

Y así me planté en los treinta, cuando sufrí una tremenda crisis. Por un lado, tuve un problema de pareja y, por otro, muchísimo estrés en el trabajo. Mi jefa cayó enferma y tuve que asumir el trabajo de todo el departamento. Trabajaba de las siete de la mañana a la una de la madrugada, y por la noche apenas podía dormir cuatro horas porque estaba superestresada.

Del agotamiento, empecé a experimentar vértigos, visión borrosa y una constante sudoración. Sin embargo, mi exagerado sentido de la responsabilidad me impedía quejarme o pedir ayuda. Y, claro, un día, en noviembre de 2019, tuve mi primer ataque de ansiedad. Se juntaron el estrés del trabajo y el posible fracaso de mi vida sentimental. Sentía que mi futuro era aterrador.

Y ahí se desbocó el TOC y la ansiedad. El corazón me iba a mil y la cabeza estaba llena de pensamientos catastróficos y obsesivos. Terminé en una clínica, en urgencias. Me administraron clonazepam y sertralina *(ansiolítico y antidepresivo) y el diagnóstico fue de ansiedad no especificada.*

A partir de entonces sufrí TOC de dañarme o dañar, TOC existencial, TOC con los pensamientos de mi «vida fracasada», TOC relativo a todo, ¡literalmente a todo! Y, para rematar el asunto, también tenía despersonalización y desrealización. Es decir, mi vida se había convertido en una película de miedo, pánico y terror.

«¿Y ahora qué?», me preguntaba. «¿Saldré de esto? ¿Me volveré loca?¿Por qué ahora me da miedo todo? ¿Por qué estos síntomas tan aterradores?» Estaba hecha un lío tremendo. No entendía qué me estaba sucediendo y no veía escapatoria.

¡Tenía que salir como fuera de esa pesadilla! Febril, empecé a buscar al mejor psicólogo de Bogotá. Y, mala suerte, di con un psicoanalista. De las pocas sesiones que hicimos (tal vez seis) saqué un bonito empeoramiento. Soportaba tal tensión emocional que una sola de esas delirantes sesiones podía tumbarme.

Concluí que por ahí no estaba la salida. Desesperada, empecé a buscar en internet la «cura inmediata para la ansiedad». Ahora me río, pero la verdad es que estaba tan desesperada después del psicoanalista que, pobre de mí, buscaba algo imposible: «lo inmediato». Hasta que un día encontré en internet un libro titulado Nada es tan terrible, *de un psicólogo español llamado Rafael Santandreu. Las valoraciones de los lectores eran impresionantes, así que lo compré.*

En cuanto lo recibí, fui inmediatamente al capítulo que me interesaba. Sin embargo, lo que leí me dejó helada. «¿Que cómo afrontar y aceptar esto que me está matando?¡Eso no tiene sentido!», pensé, y lo abandoné. Ésa tampoco parecía la salida.

En la lucha por curarme (lucha que generaba más tensión en mí), probé infinidad de opciones: nutrición para la ansiedad, respiraciones, meditación, medicación, páginas de coaches para la ansiedad... Pero nada funcionaba y ya no podía más.

Y, por alguna razón, volví al libro aquel. Otra vez que si afrontar, aceptar, flotar y dejar pasar el tiempo. En aquella segunda lectura (lo releí muchas más) entendí que debía adquirir fe. E inicié el camino de los cuatro pasos, pese a que ni en broma me veía curada.

En este sentido:

Afronté: *Tenía ansiedad y TOC. Había enfermado de los nervios: lo aceptaba e iba a curarme. Los síntomas eran terribles, sí, pero estaba dispuesta a afrontarlos. Y, sí, en el pico de su intensidad.*

Acepté: *Me dije: «Queridos síntomas: pensamientos, sensaciones, angustia... Haced vuestro trabajo. Fastidiadme, hundidme. Durad lo que tengáis que durar». Es decir, los acepté. Una y otra vez. Y entonces empezó a suceder el milagro: los síntomas, aunque lo mínimo, se reducían. Claramente, la aceptación no era fácil y me exigió mucha práctica, pero al final ya me entregaba por completo a la ansiedad.*

Recuerdo que trabajé mucho lo del miedo al miedo. Entendí que el pánico era consecuencia de anticiparse al propio miedo. Y que debía ser paciente.

También recuerdo las recaídas.

Empecé a tener días de claridad y paz mental. Entonces, veía claro que todos esos miedos eran tonterías. Sin embargo, a los dos días, volvía el mismo temor con la misma fuerza y convicción. Pero algo había cambiado, porque, en el fondo, tenía la confianza de que se volverían a marchar.

Fue fundamental no contestar a la charla de los pensamientos. No rumiar, ¡por mucho que el miedo me quisiese obligar a hacerlo!

Me repetía unos mantras para hacer frente a los pensamientos irracionales, como, por ejemplo: «Una persona normal no piensa así, por lo tanto: Ciao, ciao, ciao, ciao!*». Entonces me ocupaba de otra cosa y dejaba los pensamientos ahí, sin que supusieran la más mínima tensión. Y de este modo fueron perdiendo fuerza hasta desaparecer.*

Fueron muchas las recaídas, pero más fuerte la persistencia y la fe. Aunque tengas una recaída muy fuerte —y entres en la lucha y la locura—, piensa que siempre puedes volver a ponerte las pilas. Y cuanto antes retomes el trabajo, mejor.

Aceptar implica fundirse con la ansiedad, dejar que te invada totalmente. Yo me decía: «Que dure lo que tenga que durar; esto es un proceso de sanación».

Floté: *Hubo una fase en que las sensaciones y los pensamientos se iban pero luego regresaban. Pero, con la aceptación de la mano, ya era capaz de flotar con los síntomas, dejar que me hiciesen compañía.*

Puede sonar fácil, pero, hasta que empiezas a dominar la técnica de flotar, hay que tirar de fe y persistencia y esforzarse al máximo. Aunque llegara a sentirme muy mal, sabía que estaba trabajando. Que, de alguna forma, estaba progresando.

En este intervalo dejé el antidepresivo, pues apenas me ayudaba, a decir verdad.

Dejé pasar el tiempo: *Mi autoterapia ha durado un año y dos meses, y en este tiempo he debido aprender a tener paciencia. Es esencial que no te obsesiones con curarte rápido porque, aparte de que no puede ser, te vas a poner más nervioso y te frustrarás con las recaídas.*

En estos momentos, ya no tengo ni ataques de ansiedad ni pensamientos obsesivos. Mi estrés ha disminuido hasta niveles normales y aquellos pensamientos que me daban miedo ahora me parecen ridículos. Me da risa pensar que me generaban temor. He vuelto a reír, a escuchar música y a disfrutar de todo.
¡Estoy tan feliz de haber salido del pozo...!
Para mí, la persistencia frente a las recaídas fue clave. En este proceso conductual es absolutamente normal tener recaídas; incluso imagino que deben ser necesarias para que la mente sane. Desde luego, no es un trabajo fácil, pero es cien por cien posible. Una y otra vez, hay que retomar los cuatro pasos con persistencia.

Hoy soy otra persona: mi confianza en mí misma ha crecido como la espuma; ahora mis miedos son racionales y pequeños, y los acepto; acepto la incertidumbre; y me abro a un mundo lleno de posibilidades y a todo lo que traiga el futuro.

Sé que vendrán situaciones difíciles, pero las afrontaré desde una perspectiva mental fuerte y positiva. Ahora sé que, dejando pasar las emociones negativas, se quedan en lo que son: simples emociones y pensamientos que no deben afectarme en lo más mínimo.

Podría ser rápido

La curación de las neuras que tratamos aquí es fácil. Mucho más fácil de lo que parece. De hecho, podría llevarse a cabo en tan sólo unas horas.

La razón es que, aunque la persona haya sufrido durante décadas hasta el punto de desear morir, se haya hinchado a tomar fármacos o incluso haya sido ingresada en horripilantes hospitales psiquiátricos..., la solución sigue siendo increíblemente fácil. Eso sí, una vez que se tiene muy clara la solución.

Es algo parecido a conocer la combinación de la cerradura de una cárcel: una vez que se saben los números, es coser y cantar. En cambio, si se desconocen, podemos pasarnos toda la vida encerrados en una mazmorra sucia e insalubre.

He visto a algunas personas —aunque pocas— superar durísimos trastornos de ansiedad y TOC en tan sólo una mañana. ¡Sí! Y la sensación de libertad, alegría y fuerza les salía por todos los poros. Son pocos casos, cierto, pero prueban que la curación de estos trastornos es más una cuestión de «hacer clic» que otra cosa.

De hecho, el grupo de Bergen, del que he hablado con anterioridad, lleva algunos años demostrando que la curación puede ser muy rápida. Este grupo de psicólogos noruegos ha publicado artículos de resultados espectaculares con una terapia de sólo cuatro días de duración.

Sin embargo, para alcanzar estos resultados casi inmediatos, hay que desarrollar un tipo especial de aceptación que podríamos llamar «rendición». Se trata de un paso más, un nivel último de aceptación.

Alcohólicos Anónimos

Hace muchos años que estudio a este maravilloso grupo de personas llamado Alcohólicos Anónimos. Esta comunidad materializa, cada día, uno de los logros más hermosos de la humanidad: sanarse a través de la cooperación.

Se trata de una asociación en la que sus miembros se unen para superar un grave problema. Y lo hacen desplegando una solidaridad muy inusual en nuestros días.

Existen grupos de AA por todo el mundo, desde Alaska hasta Nueva Zelanda. Suelen celebrar sus reuniones en espacios que les ceden, por ejemplo, locales parroquiales, y allí, con termos para café, galletas, sillas para todos y un pequeño estrado, llevan a cabo a diario unas transformaciones alucinantes.

He sabido, de primera mano, de casos de alcoholismo muy difíciles que se han curado. Personas que la medicina daba por imposibles, con una vida devastada que rayaba en la locura, pero que, tras entrar en AA, consiguieron dejar su adicción y encontrar una paz profunda y estable.

Y los miembros de AA no sólo superan su adicción, también suelen transformar su personalidad para entrar en lo que llamaríamos «la cuarta dimensión de la existencia», en el sentido de experimentar una plenitud desconocida hasta entonces. La cuarta dimensión de la existencia es un lugar que pocos saben que existe: un universo de paz, alegría y profundo sentido vital. Todo el sistema de valores de los transformados da un vuelco, y se convierten en ejemplos de honestidad, amor y salud emocional.

AA emplea un método de apoyo mutuo de base espiritual, entendiendo a Dios según la idea personal de cada uno: como la figura cristiana que todos conocemos, como una inteligencia superior o como la propia naturaleza. Y, entre todos sus conceptos, hay uno que creo que es especialmente valioso: el de RENDICIÓN, una idea que también usamos en terapia conductual.

A continuación, incluyo algunos relatos de esa experiencia de rendición tal como la describen miembros de AA, extraídos de uno de sus manuales, titulado *Llegamos a creer...*

Llevaba años en caída libre en ese pozo llamado alcoholismo y, en un momento dado, toqué fondo. Completo fondo.

Una noche, sentado solo en mi apartamento, lleno de ansiedad, como era habitual, me puse a contar lo que me quedaba de dinero: ochenta y nueve centavos. No tenía nada de comida. Me pregunté: «¿Qué hago? ¿Me gasto el dinero en otra botella o en algo para comer?».

¡Menuda pregunta! ¡Tenía que comprar el vino porque, sin él, me iba a resultar imposible enfrentarme al mundo al día siguiente! Y pensé: «Pero si no tienes que enfrentarte a nada por la mañana porque ya no tienes trabajo, ni una esposa regañona ni hijos que te fastidien pidiéndote dinero para ir a la escuela».

Me sentí agotado. No quise ni intentar tomar una decisión. Totalmente descorazonado, con la absurda esperanza de que Él estuviera escuchando, me arrodillé al lado de mi botella de vino vacía y recé simplemente: «Dios mío, ayúdame, por favor». Una y otra vez: «Dios mío, ayúdame, por favor».

La respuesta vino de inmediato. De repente, tuve el convencimiento de que, de alguna forma, podría aguantar la noche, e incluso hacer frente a la luz de la mañana sin otra botella.

Al día siguiente, ingresé de forma voluntaria en un centro público de rehabilitación para alcohólicos. Mientras estaba allí, salía cada día para asistir a reuniones de AA, y hablando acerca de la sobriedad con personas que llevaban limpias desde un día hasta veinticinco años, llegué a creer.

Y es que aquella noche, de forma increíble, el poder superior me había quitado mi constante y apremiante deseo de beber alcohol y me había guiado a AA.

El libro *Llegamos a creer...* está lleno de relatos como éste. Y muchísimos miembros de AA sonríen ante este tipo de experiencias. Las reconocen como si fueran suyas. Pero lo que nos interesa a nosotros es que el fenómeno de rendición de este testimonio es idéntico al que se experimenta aceptando la ansiedad.

Rendición significa pasarlo mal voluntariamente, no defenderse, relajarse en la incomodidad o el sufrimiento, no querer pensar en ello, abandonarse, dejarlo estar. Pero, en nuestro caso, como estrategia para pinchar el globo, para comprobar que la ansiedad sólo pervive si le tenemos miedo.

El agotamiento mental del que habla el testimonio le produjo el efecto de detenerse: no querer ni intentar tomar una decisión. Su descorazonamiento lo condujo a no querer huir, a no escapar del síndrome de abstinencia. Aceptó todo lo que pudiera pasar, de forma radical, y, ¡bum!, en un instante, supo, de alguna extraña forma, que podría aguantar toda la noche sin beber alcohol.

El globo de la ansiedad se pinchó, y experimentó al instante que se reducía de forma radical. Y, a partir de ahí, ya no tuvo miedo nunca más a la adicción. Y, a partir de ahí, ésta fue menguando hasta desaparecer del todo.

Otro de los relatos de AA de *Llegamos a creer...* dice así:

> Al poco de entrar en AA, logré una total rendición y eso dio lugar a un verdadero éxtasis. Es una experiencia a la que sólo se puede llegar tras sentir, por un lado, muchísimo dolor y, por otro lado, la gracia de Dios. ¡Rara mezcla! No sabría expresarlo a nadie fuera de AA.

Una y otra vez, el fenómeno de la rendición parece ser la piedra angular del método de AA. Experiencia que también he presenciado en cientos de casos de ansiedad. Por eso, estoy convencido de que las adicciones y los trastornos emocionales son una misma cosa: el descontrol del mundo emocional a causa del temor a una emoción negativa. El alcohólico tiene miedo al síndrome de abstinencia y el ansioso a la propia ansiedad. Pero se trata de lo mismo: miedo a una emoción.

¿Cómo dejar de temer, pues, a esas emociones negativas, ya sea ansiedad, tristeza, desánimo, cansancio extremo o lo que sea? Aceptándolas de la forma más profunda posible: con rendición.

Cuando conseguimos mirar a los ojos a la ansiedad —con tranquilidad, sin necesidad de huir, sin el loco esfuerzo mental de intentar escapar— aparece la paz. Siempre.

Otro testimonio de *Llegamos a creer...* lo explica así:

Yo practicaba la navegación en mi pequeño velero. Un día, durante un tremendo temporal en el norte del Pacífico, vi la muerte a mi lado. Repasé mi vida y decidí que, si sobrevivía, dejaría de beber. En ese preciso momento se me quitó el deseo de beber y nunca más volví a tenerlo. Y todo fue porque acepté el Tercer Paso: «Decidimos poner nuestras voluntades y nuestras vidas al cuidado de Dios, como nosotros lo concebimos». A fin de cuentas, tú no puedes hacer mucho al respecto. La compañía de seguros Lloyds, de Londres, define al patrón de un barco como «capitán bajo Dios». En ese momento, yo hice lo mismo, y he continuado haciéndolo hasta el día de hoy.

CESAR LA LUCHA

El concepto de rendición implica cesar la lucha, dejar de pelear, dejar de dar locas brazadas para intentar flotar. Y lo mejor es que ese parón sea una expresión de la absoluta aceptación.

Se trata de algo tan profundo que raya en lo espiritual. Los amigos de AA lo consiguen apelando a Dios, dejando en sus manos la ansiedad, la locura, el frenesí de las amenazas mentales. Eso sí: sin beber.

Los alcohólicos han comprobado, por activa y por pasiva, que no hay otra salida. Seguir bebiendo no es una opción y lo que suceda con ellos, a partir de esa decisión, ya no es asunto suyo, sino de Dios.

Es decir, están dispuestos a absolutamente todo: a volverse locos, a sufrir el resto de su vida, a caer en el pozo de la depresión... ¡Lo que sea! En cualquier caso, será voluntad de Dios y estará bien.

Y por increíble que parezca, entonces tiene lugar el milagro: a partir de esa rendición radical, la mente empieza a sanar. A mayor rendición total, más salud mental, más fuerza, más retorno a la normalidad.

Lo que parecía imposible ¡empieza a suceder!

MANTRAS

En la tradición católica y en la budista siempre se ha practicado la recitación de mantras. De hecho, de una forma u otra, en todas las religiones. Se trata de la repetición de un mensaje corto, una y otra vez. En bucle.

Por ejemplo, los budistas repiten la famosa frase *Om mani padme hum*, que significa «Homenaje a la joya del loto».

Tengo un muy buen amigo católico, Alberto, al que le gusta recitar *non stop* los versos de santa Teresa de Jesús:

> *Nada te turbe,*
> *nada te espante,*
> *todo se pasa,*
> *Dios no se muda.*
> *La paciencia*
> *todo lo alcanza;*
> *quien a Dios tiene*
> *nada le falta.*

Alberto, empresario de éxito, gran deportista y aventurero, puede pasarse horas pronunciando estas frases. Es una de sus formas de orar. Se sienta frente a un altarcito que tiene en casa, con un par de velas y fotos inspiradoras, y calma su mente hasta el punto de entrar en contacto con «el ser superior, que une todas las cosas», como él lo llama. Según Alberto, estas jornadas de oración acentúan su espiritualidad, y percibe que le han hecho mucho más paciente, armónico y feliz.

He sido testimonio, muchísimas veces, del poder de bloquear la mente con un mantra. Cientos de mis pacientes con TOC o ansiedad han encontrado en la recitación de mantras una herramienta potentísima para aceptar en profundidad todo lo que pueda venir: absolutamente todo.

Recitar un mantra es como decir a la mente: «No me pienso mover de donde estoy. Me voy a quedar quieto. Haz todo lo que se te ocurra. Lo acepto todo. Ni siquiera voy a pensar».

Mis queridos amigos de AA, en sus momentos difíciles, cuando tienen que aceptar sus síntomas de abstinencia, también recitan mantras que vienen a decir:

> Dios, estoy acabado, pero lo acepto. Si es tu designio que esté así de mal, ansioso, perturbado, loco, durante el resto de mi vida, lo acepto. Haz tu voluntad sobre mí porque sé que es para un bien mayor. Estoy en tus manos, pero no voy a beber.

Y, acto seguido, repiten lo mismo (léelo otra vez):

> Dios, estoy acabado, pero lo acepto. Si es tu designio que esté así de mal, ansioso, perturbado, loco, durante el resto de mi vida, lo acepto. Haz tu voluntad sobre mí porque sé que

es para un bien mayor. Estoy en tus manos, pero no voy a beber.

Y así pueden estar toda la noche, en un ejercicio de recitación espiritual que, para ellos, es una herramienta esencial en su transformación.

Las claves de un buen mantra son las siguientes:

- Bloqueamos la mente.
- Hacemos referencia a la aceptación total.
- No hacemos nada: no huimos, no evitamos el malestar.
- Aceptamos todo lo que pueda venir.
- Apelamos a Dios y vemos como bueno el malestar. Es decir, con algún sentido benéfico, aunque nosotros no lo comprendamos en esos momentos.

Cuando recitan su mantra, los alcohólicos se conjuran para no volver a beber, suceda lo que suceda. Y dejan en manos de Dios lo que suceda.

En el caso de los ataques de ansiedad o el TOC, en vez de «No voy a beber», nos decimos «No voy a huir de la ansiedad». El equivalente a «drogarse» es aquí «huir de la ansiedad»; el equivalente a «no drogarse» es «exponerse a la ansiedad».

MEDITACIÓN TRASCENDENTAL

Hace muchos años se puso de moda un tipo de práctica meditativa llamada meditación trascendental (MT). Fue creada por el indio Majarishi Majesh, mundialmente famoso a partir de la estancia de los Beatles en su retiro, en India, durante los años sesenta.

La MT cuajó en Estados Unidos sobre todo en los años setenta, pero aún hay miles de practicantes por todas partes. Uno de sus principales defensores es el cineasta David Lynch, que creó una fundación para darla a conocer.

La MT consiste en repetir dos veces al día, durante veinte minutos, un corto mantra que te asigna un instructor. Nada más. Ese mantra es una palabra sin sentido en ninguna lengua conocida. Algo como «blusblus». Para la MT es esencial que la palabra no signifique nada para que la mente no se apegue a ninguna idea. Pues bien, la repetición de esa palabra da resultados sorprendentes.

Yo no recomendaría a nadie la MT porque exige el pago de unos honorarios bastante altos por algo que puede hacer cualquiera por su cuenta, pues los gurús de la MT intentan vender la idea de que el mantra asignado es único y especial. Sin embargo, desde un punto de vista lógico, eso es ridículo. No hay nada mágico en repetir un mantra, aunque pueda ser una práctica muy poderosa.

Conozco perfectamente el efecto de repetir un mantra y lo valoro mucho, pero su efectividad no reside en nada mágico, sino en lo que hemos descrito en este capítulo.

Quería mencionar la MT porque los muchos estudios que se han hecho sobre esta práctica han demostrado una gran eficacia. Y la vida de cientos de miles de personas ha mejorado gracias a ella, lo cual, desde mi punto de vista, confirma —con cuantiosos datos— el poder psicológico de la recitación de mantras.

En este capítulo hemos aprendido que:

- La curación podría ser increíblemente rápida si aceptásemos desde el inicio.

- Los miembros de AA dejan de beber gracias a la rendición, la última fase de la aceptación.

- Se puede establecer un paralelismo entre drogadicción y ansiedad: en la primera, no se bebe y se acepta todo; en la segunda, no se huye y se acepta todo.

- La rendición implica dejar de hacer, no moverse, quedarse quieto.

- Recitar un mantra es una buena herramienta para bloquear la mente.

20

Más sobre afrontar y aceptar

Reclínate sobre las aristas más afiladas.

PEMA CHÖDRÖN

Eva es una lectora de mis libros que en mi penúltima publicación, *Nada es tan terrible*, encontró la vía de curación de su TOC de veinticinco años de historia. Trabajó ella sola utilizando el libro como guía e hizo un trabajo completo y excelente.

Contactó conmigo a través de las redes sociales y, muy amablemente, me envió este relato de su experiencia de transformación.

¿Quién era?
Mi TOC empezó a los doce años. Tenía un noviete y, de repente, me entró una angustia tremenda acerca de si me gustaba o no. Era como un rechazo o un asco casi brutal hacia él, aunque, por otro lado, sí me gustaba.

Yo lo sentía como una especie de locura, una tara, que me generaba un sufrimiento tremendo. Me llegué a convencer a mí misma de que por culpa de eso nunca podría tener pareja ni familia.

Cuando tenía veintisiete años conocí al que es ahora mi marido y, al cabo de unos meses de relación, me volvió a venir el TOC. Después se le sumaron otros pensamientos intrusivos, como el del suicidio (si podría suicidarme o no) y demás.

En fin, que durante unos veinticinco años estuve sufriendo todo eso y pasé mucha ansiedad y momentos de desesperación. En todo ese tiempo, tomé diferentes medicaciones e hice costosísimas terapias, que no sirvieron de mucho.

Pienso que el TOC, muchas veces, no está bien diagnosticado ni tratado. Se pierde dentro de la ansiedad y la depresión, que no son más que síntomas. La raíz está en otra parte y, si no se enfoca bien, puede acarrear más sufrimiento todavía a la persona que lo padece.

¿Cuál fue mi proceso de curación??

En mi última recaída, en 2017, estaba muy mal. Me encontraba desesperada, desesperanzada, mermada físicamente, con una ansiedad brutal, deprimida y con pensamientos de suicidio que me atormentaban. Todo ello aderezado con fumar y beber en exceso.

Fue entonces cuando, en un último intento de salir de una situación que me estaba matando (porque eso no es vivir), me puse a leer el libro de Rafael El arte de no amargarse la vida *y otros materiales sobre* mindfulness.

Y lo primero que hice (metida en la cama) fue concentrarme mucho en los ruidos externos; no importaba lo que me pasara por la cabeza. Lo intentaba una y otra vez. La idea era no entrar en diálogo conmigo misma y con mis pensamientos obsesivos. Fue un esfuerzo terrible. Luego pasé a hacer el resto de las cosas de la jornada de la misma manera: concentrándome en ellas y dejando los pensamientos y la ansiedad de lado. Al cabo de pocos meses estaba muchísimo mejor, y seguí así.

Me levantaba a las seis de la mañana todos los días para

*hacer yoga y concentrarme en la respiración, una y otra vez.
Paralelamente leí no sé cuántas veces todos los libros de Rafael.
Incluso asistí a una charla suya en Oviedo. Y al poco de esa
charla compré su último libro,* Nada es tan terrible. *¡Uala, eso
ya fue lo más! Con el capítulo de la terapia conductual y con los
casos que exponía allí, lo vi clarísimo. Yo era un claro ejemplo
de TOC, que hacía muchísimos años que lo padecía y que todo
lo demás, ansiedad, inseguridad, ataques de pánico, depresión...
eran daños colaterales de tantos años con TOC.*

*Así que empecé con los cuatros pasos a tope y, lo más impor-
tante, dejé de preguntarme por qué y de buscar culpables. Me
dije a mí misma: «Eeeh, lo siento; mala suerte, esto es lo que
hay», y me puse a* full *con los cuatro pasos. Bueno, eso y tener
fe en que esto se cura.*

*Tenía muy metido —y así me lo habían transmitido los
psicólogos y psiquiatras— que aquello lo iba a tener siempre.
Unas veces tendría momentos buenos y otras me vendrían los
siete males. Sin embargo, en el fondo de mi ser, siempre me
resistí a creer ese pronóstico y a estar medicada de por vida.
Y siempre intenté leer más sobre el tema: donde fuera. Nunca
perdí la fe en encontrar al maestro adecuado. De hecho, cuando
mi marido me vio leer los libros de Rafael, me dijo que parara
de una vez porque me iba a volver loca del todo.*

*En mi curación, la frase clave ha sido: «Esto se cura». Y, cómo
no, los cuatro pasos: afrontar, aceptar, flotar y dejar pasar el
tiempo.*

*Tuve algunas recaídas, pero, como por primera vez en mi
vida veía resultados, ya tenía confianza en mí misma (también
por primera vez en mi vida). Y cada vez que he tenido una recaída, ¡más leña al mono!*

¡¡¡Y hasta hoy sigo!!!

Una recaída importante fue a raíz de unas hernias discales. Tuve que coger la baja y quedarme un tiempo en casa, limitada y muerta de dolores. Volvió el TOC del suicidio, la angustia, la depre y también los ataques de pánico, pero seguí dándole y, cuando pasó, ¿sabéis qué sucedió? Que me encontraba muchísimo más reforzada.

Otra recaída: cuando se suicidó el marido de una amiga. Ahí lo pasé también fatal. Hasta el punto de que estaba viendo con mi hijo una función del Cirque du Soleil y todo el cuerpo se me bloqueó de la ansiedad.

Una cosa superimportante en mi curación —que todavía no he mencionado— ha sido el NO HUIR.

Antes, cuando me sentía mal, huía. Hasta físicamente. Marchaba sin rumbo, a la desesperada. Y dejé de hacerlo. Aceptaba, afrontaba y, mientras pasaba la tormenta, intentaba hacer cosas concentrándome al máximo en ellas.

La verdad es que no ha sido un camino de rosas y ha habido momentos que, bufff, no sé ni cómo describirlos. Pero la confianza que ganaba en mí misma cuando se me iban pasando los síntomas fue clave.

Ahora, por primera vez en mi vida, no vivo con miedo. Diría que estoy bien en un 99%, porque me da respeto ponerme un 100%.

Durante todo este proceso he ido bajando la medicación (al ver que ya no la necesitaba) hasta que, hace unos meses, la dejé de tomar. ¡Bufff! No lo pienso mucho, la verdad, pero ¡creía que nunca lo iba a conseguir! Con intervalos y diferentes medicaciones, llevaba VENTICINCO AÑOS MEDICÁNDOME.

Otra cosa que leí en los libros de Rafael —y que yo misma

comprobé— es que, cuando curas un miedo, otros también se van. En mi caso sucedió con el miedo a volar. A raíz de este proceso también desapareció.

¿Quién soy?

A día de hoy os puedo decir que jamás me he sentido tan feliz y tan libre. Intento vivir los días a tope, siendo muy consciente de que la vida se pasa rápido y que aquí venimos a ser felices, no perfectos. Ya no entro en ninguna neura de nadie. Eso también ha sido crucial en mi curación.

Centro mi vida en el amor y en el humor, en el perdón a mí misma y a los demás. Es lo que intento transmitir, sobre todo, a mis hijos.

Sé que tendré momentos de pensamientos y sensaciones desagradables, pero ya no vivo con miedo a que suceda; ni siquiera pienso en ello. Centro mis energías en disfrutar a tope, ¡que bastante he sufrido ya! Y doy gracias por existir, por este regalo que es la vida.

Diseñar el afrontamiento

En muchos casos, el afrontamiento será fácil de diseñar. Por ejemplo, en el trastorno por ataques de ansiedad. Aquí estará muy claro a qué nos tendremos que enfrentar, ya que, si la persona sabe que si coge el coche o va a unos grandes almacenes le sobrevendrá el ataque, tiene asociados esos lugares al ataque, de modo que, para curarse, planificará, todos los días, inmersiones en ese tipo de situación. Se tratará de, una y otra vez, coger el coche e ir a unos grandes almacenes. Y todos los días, dale que te pego.

Sin embargo, en otros casos, la exposición no será tan evidente. Veamos, pues, cómo diseñar y planificar los afrontamientos.

Para empezar, recordemos que el principio número uno del tratamiento conductual es que las emociones negativas SÓLO están ahí porque les tenemos miedo. Por lo tanto, cuando eliminemos ese temor, las emociones desaparecerán. Y que afrontar es exponerse a esas emociones negativas hasta perderles completamente el miedo. Ése es el mecanismo rey para perder el temor: exponerse, habituarse, convivir con él largo tiempo.

En segundo lugar, recordemos que necesitamos tener fe para emprender una campaña de afrontamiento diario que nos conduzca al éxito.

Así pues, para diseñar y planificar un buen afrontamiento es preciso llevar a cabo los siguientes cuatro pasos:

1. **Identificar las sensaciones**. ¿Cuáles son exactamente las sensaciones o los síntomas que me atormentan? ¿Cómo son, con todo detalle? ¿Cuál es su textura?

   Por ejemplo, las personas con ataques de ansiedad suelen sentir opresión en el pecho, aceleración de pensamientos, miedo, incapacidad para concentrarse... Tienen que sentirlas con todo detalle.

   Es importante recordar aquí que, en realidad, la diana de nuestro trabajo son esas sensaciones, porque a lo que le tenemos miedo es siempre la ansiedad, la tristeza, etc. (no a morirnos, o arruinarnos o cualquier otra desgracia). El problema son las experiencias internas que rechazamos frenéticamente.

2. **Identificar las asociaciones.** Siguiendo con el ejemplo de los ataques de pánico, las sensaciones (ansiedad, mareo, etc.) suelen ir asociadas a escenarios o situaciones: salir de casa, conducir el coche o entrar en unos grandes almacenes. Éstas son «las asociaciones»: situaciones en las que creo que me puede dar el ataque. Las llamamos «asociaciones» porque son las situaciones a las que la mente ha «asociado» el malestar, por lo que ahora tememos ambas cosas: la ansiedad y la situación asociada.

3. **Aumentarlo todo.** Para aceptar totalmente las emociones negativas, hemos de sumergirnos al máximo en ellas. Por eso, es conveniente aumentarlas en la medida de lo posible: llevarlas a la dimensión más elevada. Es un proceso similar a limpiar una herida con agua oxigenada: la lavamos bien, le echamos alcohol para desinfectarla y la exponemos al aire y la luz para que se cure por sí sola. Por lo tanto, en el ejemplo anterior, el paso de «aumentarlo todo» consistiría en coger el coche o en pasar dos o tres horas en unos grandes almacenes completamente solos, y sin protección alguna, ¡durante más tiempo del que imaginamos que nos sería posible hacerlo! Eso es aumentarlo todo.

4. **Planificarlo todo.** Se trata de programar las exposiciones para los días y las semanas siguientes. Este paso es esencial. Consiste en crear las oportunidades para realizar una exposición completa, diaria y prolongada. Cuando planificamos, estamos diciendo a nuestra mente: «Voy a entrar en contacto con esta emoción a diario para desensibilizarme

totalmente; es mi prioridad vital. Voy a hacerlo cada día, con fe». El solo hecho de planificar diariamente ya es un ejercicio de aceptación total y de determinación: «Voy a superar este tema aunque sea lo último que haga; estoy decidido».

Cuando planificamos la exposición de esta forma, con generosidad, poniendo todo el foco en las emociones negativas, suele sobrevenir una sensación de vértigo e indefensión porque nos adentramos en el terreno de la incertidumbre, pero eso es genial. Es lo que necesitamos.

Es posible que también aparezcan las dudas: «Si hago esto, ¿no empeoraré?». Sin embargo, el vértigo, la indefensión y las dudas son buenas señales. Vamos bien. Estamos adentrándonos en un terreno que no nos gusta pero que conduce a la curación, como millones de personas han experimentado antes.

Recuerdo a un paciente llamado Cristian que tenía miedo a estar solo y ocioso. Se trata de un temor usual porque muchas personas aprenden que, si están ocupadas y distraídas, los miedos disminuyen o incluso desaparecen momentáneamente. Pero el caso es que, cuando a Cristian le fallaba la agenda por lo que fuera, le entraba el pánico porque había asociado «inactividad» con «ansiedad». Así que tuvimos que planificar sus exposiciones de la siguiente forma:

1. *Identificar las sensaciones.* Cristian manifestaba muchos nervios, aceleración del pensamiento, ganas continuas de orinar, inseguridad, inestabilidad muscular en las piernas.

2. *Identificar las asociaciones.* Cristian tenía asociados esos nervios a diversas situaciones de ocio: «Si pienso en una tarde en mi oficina sin nada que hacer o en una tarde en casa ocioso, me entra la ansiedad. También me sucede si pienso en un fin de semana sin planes; de vacaciones o en un destino vacacional sin una ocupación clara. Todo eso me da pavor».

3 y 4. Aumentarlo y planificarlo todo. Cristian se hizo la siguiente pregunta: «¿Cómo puedo entrar en contacto con estas emociones al máximo?». Y se respondió: «Dedicaré varias jornadas de la semana a no hacer nada y a soportar la tensión. Por ejemplo, los martes y miércoles estaré inactivo en el sofá leyendo o navegando por internet o paseando por la ciudad. También lo haré los fines de semana hasta que la ansiedad desaparezca; podré hacer actividades de ocio, como mirar la tele o pasear, pero sin planificarlas y sin quedar con nadie. Cuando pueda, me iré de vacaciones, solo, una semana entera sin ningún plan específico».

Es decir, Cristian acabó planificando varias tareas diseñadas para provocarse muchísima ansiedad y lo hizo generosamente: muchos días, sin descanso, hasta cumplir con el objetivo de vencer del todo la ansiedad.

SUPERACEPTACIÓN

Ya hemos visto que, de los cuatro pasos de la terapia conductual de Claire Weekes, el más importante es el de la aceptación/rendición. Eso no quiere decir que los tres restantes no sean esenciales. Porque ¡lo son!

Por ejemplo, sin un afrontamiento activo no se produciría el cambio de ninguna forma. Hay que ir a buscar la ansiedad con la mayor intensidad posible. Hay que emprender una campaña sin cuartel para transformarnos, dándolo todo cada día durante un determinado tiempo de nuestra vida. Si permanecemos pasivos y nos limitamos a exponernos cuando nos sorprenden las emociones negativas, seremos neuróticos toda la vida. Hay que ir a por ellas, día tras día: convocar el malestar y experimentarlo abiertamente, una y otra vez.

Y, cómo no, flotar y dejar pasar el tiempo, ejercicios también muy necesarios de los que ya hemos hablado.

Sin embargo, la verdadera magia se halla en la aceptación. Lo que realmente borra el miedo, la tristeza o cualquier emoción exagerada es la aceptación total.

Veamos, entonces, con más detalle, en qué consiste esta superaceptación, la rendición total. Se trata de una habilidad que la persona media nunca llegará a experimentar. Va más allá de la capacidad de frustración habitual, de la fuerza de voluntad media. Es más bien una superhabilidad.

Morir en la montaña

A mí me encanta la montaña desde pequeño y, desde entonces, sigo las hazañas de los grandes alpinistas. En varias ocasiones, he oído historias como la que sigue. Esta narración, en concreto, me la explicó un alpinista amigo, Imanol, pero es casi idéntica a las que han vivido otros montañeros que han estado al borde de la muerte.

Perdí toda referencia del grupo y me encontré de repente solo en medio de la ventisca de nieve. Y se hizo de noche. No llevaba apenas comida. Decidí continuar andando e intentar encontrar algún campamento, alguna cordada. Sabía que las posibilidades de éxito eran muy remotas, pero ¿qué otra opción tenía? Si me detenía, si me sentaba a descansar, moriría congelado.

Caminé toda la noche. En algunas zonas, las piernas se me hundían hasta la rodilla. Cuando por fin amaneció, la ventisca seguía. No se veía nada a tres metros de distancia. Estaba totalmente exhausto. Había pasado doce horas caminando sin parar. No había comido nada desde hacía un día y medio. La temperatura era de veinte grados bajo cero. La ansiedad me había mantenido activo durante la noche, pero ahora, al comprender que iba a morir, perdí toda la energía. No tenía fuerzas ni para pensar.

Unas rocas aparecieron delante de mí y mis piernas me llevaron hasta ellas. Me saqué la mochila y me senté, acurrucado entre las grandes piedras. «Bufff, qué descanso», pensé. Me desplomé y me dije: «Ya está. Aquí acaba la historia. Mi vida ha sido muy bonita. Me quedaré dormido y pasaré dulcemente al otro lado». Y, con ese pensamiento, cerré los ojos y me invadió una inmensa paz.

Te prometo que justo entonces, en ese preciso segundo, dejó de soplar el viento y ¡salió el sol! Al sentir el calor sobre mi piel, abrí los ojos y, de repente, vi ante mí un manto inmenso de nieve. ¡Era tan hermoso...!

Se me hinchó el alma. Me sentí increíblemente feliz, en una armonía que no había experimentado jamás. Una ligera brisa acariciaba mi cara, inmensamente vivificante. Repasé momen-

tos bellos de mi vida y experimenté un agradecimiento infinito hacia la existencia.

Estaba extasiado, pero a la vez sorprendido por lo que me estaba sucediendo, porque las últimas veinticuatro horas habían sido un infierno de ansiedad. Ahora, a las puertas de la muerte, me hallaba en completa calma y felicidad.

Milagrosamente, Imanol sobrevivió. Por increíble que parezca, lo encontraron al cabo de dos horas. Se había quedado dormido, pero el sol lo mantuvo vivo. Durante toda la semana había estado nevando sin parar, pero, por alguna maravillosa casualidad, el sol acudió al rescate precisamente entonces. Además, fue su propia cordada quien lo encontró entre esas rocas.

Milagros aparte, lo que me interesa de la historia de Imanol es su experiencia de rendición, porque la aceptación que practicamos en terapia conductual es muy similar, si no idéntica.

Aquel día, entre aquellas rocas, Imanol se rindió, dejó de luchar y aceptó su propia muerte. Y, en ese momento, para su sorpresa, lo invadió una inmensa paz.

Desde un punto de vista psicológico, lo que sucedió es que, gracias a la aceptación, el miedo desapareció repentinamente. Y al instante se impuso una armonía perfecta, nuestra forma natural de estar en el mundo.

Los animales suelen vivir siempre en esa armonía perfecta, porque están dotados de una flexibilidad emocional total. Una cebra que lucha por su vida frente a un león se relaja en cuanto éste pasa de largo. En minutos, la cebra se pone a comer de nuevo, ajena a todo.

Los seres humanos somos así también, siempre y cuando

no cojamos miedo a las emociones negativas. El miedo, la ansiedad, la tristeza..., cuando son aceptadas, simplemente pasan y no dejan huella. Es lo que hizo Imanol y es lo que vamos a aprender nosotros.

Bloquear el instinto de supervivencia

La terapia conductual puede ser muy difícil de llevar a cabo. En ocasiones, la persona tarda mucho —un año o dos— en llegar a la aceptación total necesaria porque algo en su mente se resiste a dejarse ir, a abrirse del todo a los síntomas. Y esta resistencia, paradójicamente, la obliga a trabajar durante más tiempo. De todos modos, a fin de cuentas, es lo que tiene que hacer.

Gran parte de la dificultad a la hora de aceptar se debe a que, para tener éxito, hay que bloquear el instinto de supervivencia.

El instinto de supervivencia es una fuerza muy poderosa que nos obliga a protegernos, a huir de los peligros. Y lo hace a través de las emociones negativas. Por eso es extremadamente difícil dejar la mano en el fuego en vez de retirarla de inmediato. De hecho, en casi todos los casos, protegerse es la estrategia correcta. Salvo cuando se trata de neurosis.

Ya hemos visto que la aceptación implica rendirse, no hacer nada, convivir con el malestar para, así, perderle el miedo definitivamente. Sin embargo, esta respuesta va en contra del instinto de supervivencia, ya que requiere que dejemos la mano en el fuego, que esté ahí mucho tiempo abrasándose.

Sin duda, se trata de dejarse morir a nivel mental (porque en realidad no nos moriremos a causa de los síntomas, ya que es sólo un ejercicio de la mente). Por eso ayuda tanto apelar a lo espiritual. Porque facilita el bloqueo del instinto de supervivencia. Y, recordemos, una vez conseguido ese bloqueo, la aceptación total llega de forma automática.

Bloquear el instinto de supervivencia es:

• Aceptar la muerte.
• No querer defenderse.
• Desprenderse de la necesidad de cuidarse.
• Dejarlo estar todo.

LA SABIDURÍA DE LA NO-ACCIÓN

Tal como hacemos en psicología conductual, la meditación budista implica la total aceptación de las emociones y los pensamientos negativos. Los meditadores suelen llamar a esta estrategia «la sabiduría de la no-acción».

Y es que la aceptación radical que buscamos implica no hacer nada, no moverse: sólo tolerar, con la máxima tranquilidad posible.

En una ocasión, una paciente llamada Mónica me relató una experiencia que tuvo con la no-acción, y que fue clave para su rápida curación.

Mónica, de cuarenta años de edad, tenía ataques de pánico desde hacía años. Llevábamos un par de meses de terapia y ya había comprendido el abecé de la terapia conductual, pero no la practicaba de la mejor forma. Así que tampoco mejoraba como deseábamos. Se había recuperado en un 60 %, pero se hallaba encallada en ese punto. Hasta que, un buen día, tuvo un momento de revelación. Me contó lo que le había sucedido cuanto tuvimos la siguiente sesión.

El sábado había quedado con unos amigos para hacer una excursión. Me pasaron a buscar por casa. Llamaron al interfono y bajé. Estaba feliz de poder salir al monte, una de mis grandes pasiones. Di dos besos a cada uno y nos dispusimos a meternos en el coche. Había prisa porque llegábamos tarde a otro punto de encuentro.

Allí abajo, en la calle, el conductor repartió los asientos. Antes de que me diese cuenta, me sentaron detrás, en el asiento de en medio. No tuve tiempo de decir nada. ¡Dios mío, estaba atrapada entre dos personas en un espacio minúsculo! Allí me podía dar un ataque de ansiedad y no habría manera de salir rápidamente.

El coche arrancó y al instante empecé a ponerme frenética. Ninguno de mis acompañantes sabía nada de mi ansiedad y me daba mucha vergüenza que se dieran cuenta.

Mi mente se sobresaltó: «¡Santo Dios, si me da un ataque aquí, me muero! ¡Estoy atrapada!». De repente me acordé de la terapia y me dije: «Vamos, Mónica, ¿qué te diría Rafael?». Busqué desesperada qué debía hacer, qué me diría Rafael, y vino a mi mente la palabra «afrontar» y luego «aceptar». Así que pensé: «Vale, Mónica, tienes una oportunidad de practicar. Se trata de afrontar y aceptar. Y luego flotar». Y de golpe se me encendió una lucecita: «Mónica, aquí debes NO HACER NADA». Y visualicé un cartel de neón en mi frente con la palabra: «NADA».

Y, ¡pam!, en ese momento me sobrevino una gran paz. Los nervios desaparecieron como por arte de magia. ¿Y sabes qué, Rafael? Han pasado cinco días, pero ya siento que nunca más

voy a tener la misma ansiedad. Sé que el camino está casi termi-
nado. Me siento bien, por lo menos, en un 90 %.

Efectivamente, Mónica había comprendido que aceptar
suponía no hacer, no defenderse, tan sólo estar ahí. Algo que
nunca, en todos los años que había sufrido el problema, había
pasado por su cabeza.

Hasta ese momento, los ataques de ansiedad la obligaban a
actuar, aunque fuera pensando en cómo escapar. De forma
automática. Casi sin darse cuenta. Y, por primera vez, había
vislumbrado una alternativa muy diferente. La única alternativa eficaz. Parar y estar ahí, todo el tiempo que fuese necesario.

En este capítulo hemos aprendido que:

- Un buen afrontamiento consta de cuatro pasos:
    1) Identificar la sensación.
    2) Identificar las asociaciones.
    3) Aumentarlo todo.
    4) Planificarlo todo.
- Aceptar o rendirse se parece a la paz que experimenta
  un alpinista perdido en la montaña antes de morir.
- La aceptación implica bloquear el instinto de supervivencia; dejarse morir mentalmente.
- Aceptar conlleva activar «la sabiduría de la no-acción»,
  aprender a no hacer nada frente a las emociones negativas.

21

Particularidades sobre el TOC
y los ataques de pánico

> Nadie nos dice nunca que debemos dejar de
> huir del miedo. Raras veces se nos dice que nos
> acerquemos más, que sigamos allí, que nos fa-
> miliaricemos con él.
>
> PEMA CHÖDRÖN

LA FRASE MÁGICA DEL TOC

Este manual de psicología conductual versa principalmente
sobre el trastorno de ataques de pánico y el trastorno obsesivo compulsivo (TOC), aunque, como ya hemos dicho, es una
metodología aplicable a cualquier emoción negativa exagerada, ya sea vergüenza, miedo, tristeza, etc.

Sin embargo, antes de acabar, me gustaría revisar algunas
particularidades sobre estos dos trastornos para guiar mejor
a aquellos que los padezcan.

Al TOC también se lo llama el «trastorno de la duda» porque
la persona, casi siempre, tiene una duda insoportable: «¿Seré

homosexual?», «¿Me infectaré con terribles gérmenes?», «¿Habré atropellado a alguien?». Para realizar la exposición correctamente, es fundamental dejar esas preguntas desatendidas.

La persona se ha de exponer a los pensamientos que la atemorizan («¿Soy homosexual?», «¿Me habré infectado y enfermaré gravemente?», «¿Soy capaz de suicidarme?») durante un mínimo de diez minutos cinco veces al día. Exponerse a esas dudas consiste en imaginarse a uno mismo siendo homosexual, enfermando gravemente y suicidándose, con todas las consecuencias posibles. Y al acabar cada una de esas exposiciones de diez minutos, recomiendo decirse la frase mágica: «Y NO SÉ SI ESO SERÁ VERDAD O NO. ES MÁS, NO LO QUIERO SABER».

La curación del TOC implica acostumbrarse a la incertidumbre, adaptarse a ella, aprender a convivir con ella. Por eso, la frase mágica acaba con: «No lo quiero saber». Aunque parezca increíble, llega un momento en que nuestra mente ya no necesita esa seguridad. Esas dudas locas ya no le preocupan.

PREVENCIÓN DE RESPUESTA

En el caso del trastorno obsesivo, la persona suele activar unas «respuestas» o compulsiones para aliviar su ansiedad del tipo:

• Limpiar para eliminar la posibilidad de infectarse con gérmenes.

- Comprobar una y otra vez si las cosas están ordenadas.
- Preguntar al médico si se tiene tal o cual enfermedad.
- Rezar para eliminar una idea supersticiosa.

La lista de compulsiones es infinita. Una compulsión es cualquier cosa que hacemos para evitar el malestar, la duda, la ansiedad.

Y es esencial comprender que la curación del TOC pasa por exponerse a la ansiedad, estar en contacto con ella hasta acostumbrarse. Por consiguiente, no evitarla. Y, por eso, compulsionar es totalmente contraproducente. La curación pasa por no responder a la ansiedad, no querer eliminarla.

¡Atención!, grabemos la siguiente frase en la mente: «Hasta que no dejemos de compulsionar por completo, no nos empezaremos a curar».

En innumerables ocasiones, los pacientes me han jurado y perjurado que sus compulsiones son automáticas, que las hacen sin pensar y que, por lo tanto, no pueden detenerlas. Sin embargo, en todos los casos consiguieron hacerlo, porque, de alguna forma, la mente lleva el control y siempre es capaz de detener la compulsión. Eso sí, hay que esforzarse hasta conseguirlo.

Al principio, puede resultar de gran ayuda recurrir a lo que llamo «deshacer la compulsión», es decir, en cuanto nos damos cuenta de que hemos hecho una compulsión, la deshacemos. Por ejemplo, si hemos pronunciado una breve oración para evitar un hecho funesto (en un TOC supersticioso), podemos deshacerla pronunciando una contraoración: una frase que pueda propiciar la mala suerte o el suceso funesto que queríamos evitar.

El hecho es que no debemos permitirnos ninguna compulsión, ninguna defensa contra la ansiedad, ni siquiera argumentándola con ideas tranquilizadoras. Recordemos que la cura pasa por acostumbrarnos a la ansiedad. De modo que necesitamos vivirla «a pelo» durante mucho tiempo hasta perderle el miedo.

En ese sentido, tomar ansiolíticos es una de las peores cosas que podemos hacer. Tomar tranquilizantes es evitar, es una megacompulsión, una gran huida: gasolina para el fuego del trastorno.

COMPULSIONAR PENSANDO

En los casos de TOC puro o de pensamientos, la persona compulsiona pensando. Esto quiere decir que intenta resolver el problema mediante razonamientos o análisis mentales. Por supuesto, éstos también deben detenerse.

Recuerdo el caso de una joven estudiante de Medicina, Alberta, que tenía un TOC que podría resumirse así: «¿La gente me rechazará?». Todos los días se le pasaba por la cabeza la idea de que había dicho algo inadecuado y que amigos, profesores, incluso familiares podrían criticarla duramente y, a fin de cuentas, dejarla de lado.

Tenía esa duda/amenaza la mayor parte del día (el 80 % del tiempo) y lo que hacía para calmarse era revisar mentalmente todas las conversaciones, todos los mensajes y demás, para comprobar que: a) no se habían enfadado con ella, y b) no había dicho nada inadecuado.

Durante múltiples sesiones intenté que Alberta se diese

cuenta de que tenía un TOC, que podía definirse con la duda/
amenaza de «¿La gente me rechazará?» y que compulsionaba
revisando todas sus interacciones para comprobar si le habían dado muestras de rechazo.

Aunque Alberta era muy inteligente, le costó mucho
aceptar esa definición de su problema porque estaba muy
enganchada a la evitación del malestar y al tejemaneje de pensar y repensar si la habían rechazado o no. Tanto es así que en
muchas de nuestras primeras conversaciones se enfrascaba
en debatir conmigo el hecho de si tenía un TOC o no y de
si ese análisis incesante suyo de las interacciones era un problema o no.

El día en que pudo verlo con claridad empezó su mejora.
A partir de ahí fue capaz de dejar de compulsionar y de exponerse adecuadamente. Tuvo que dejar de revisar las conversaciones y razonar acerca del asunto.

DISEÑAR LAS EXPOSICIONES

Los terapeutas especializados en TOC ayudan a sus pacientes
a diseñar exposiciones imaginativas para entrar en contacto
con la ansiedad de forma muy intensa.

Recordemos el caso de Isabel, la paciente que tenía el
TOC de los gérmenes. La aterraba contaminarse con cualquier tipo de suciedad.

Uno de los ejercicios que diseñamos juntos fue el siguiente: primero tenía que lavar a mano su ropa interior y la de su
pareja. Eso ya le provocaba mucha ansiedad porque tenía la
idea irracional de que eso podría contaminarla. Después te-

nía que llenar una botella de espray con el agua de ese lavado. Y finalmente rociar la casa con el spray. Es decir, ¡contaminar toda la casa! Y hacerlo cinco veces al día, todos los días.

Es esencial llevar a la persona al máximo nivel de ansiedad posible en cada momento y repetir y repetir las exposiciones a diario. Y además ser muy ambicioso: ir a por todas y cada una de las situaciones que pueden despertar el TOC.

Todos los días

Desde hace muchos años, los cientos de miles de personas que han superado un TOC nos han informado de la necesidad de exponerse cada día. Sin descansos.

Yo también he observado esta necesidad en mis pacientes. Seguramente se deba a que la mente necesita aceptar TOTALMENTE la ansiedad, rendirse al 100 %, y el trabajo diario es una prueba de que estamos dispuestos a hacerlo, de que estamos totalmente abiertos a experimentarla, sin descanso. O, para decirlo de otro modo, como nuestra actitud es de completa apertura, ya no necesitamos descansos.

Hasta que no hayamos alcanzado un progreso del 90 %, trabajemos todos los días, sábados y domingos incluidos.

Imita a los demás

En muchas ocasiones, la persona con TOC ya no sabe qué es actuar con normalidad. Por ejemplo, hace tanto tiempo que teme a los gérmenes que, mientras lleva a cabo la terapia, se pregunta: «¿Si se me cae un papel al suelo en la calle, lo tengo que recoger o no? ¿Qué hace la gente normal? ¿Es adecuado volver a meterlo en el bolsillo?».

Más de un hipocondríaco me ha preguntado: «Oye, Rafael, si te notas un dolor en el costado, ¿tú qué haces? ¿Vas al médico?».

Mi respuesta siempre es: «Visualiza a alguien que conozcas bien y que no tenga TOC, pregúntate qué haría ella o él y tú haz lo mismo».

Y, en todo caso, conviene añadir: «Tienes que jugártela porque sabes que necesitas liberarte de esta enfermedad tan horrorosa como es el TOC; tienes que estar dispuesto a todo para lograrlo».

DIFERENCIAR EL TOC

Las personas con TOC tienen una especial dificultad para convencerse de que sus temores irracionales son realmente TOC y no una preocupación legítima que hay que resolver.

Una de las estrategias para distinguir el TOC es comprobar algunas de sus cualidades:

- El TOC es una preocupación que invade el 70 % del tiempo del día (o más).
- Por mucho que se razone (o se compulsione), el temor reaparece una y otra vez.
- A la gran mayoría de las personas esa preocupación les resulta irrelevante.

Otra buena estrategia para convencerse de que sí tenemos un TOC (o descartarlo) consiste en buscar por internet la descripción de ese TOC. Si lo que tenemos es TOC, hallaremos esa misma neura perfectamente descrita y, muchas veces, con un nombre *ad hoc*. Por ejemplo:

- TOC relacional: cuando la persona duda de si ama a su pareja y esa duda se vuelve un tormento.
- TOC de homosexualidad: cuando la persona duda acerca de si la atraen sexualmente personas de su mismo sexo. La duda la tortura y no hay manera humana de aclararlo.

PARTICULARIDADES DE LOS ATAQUES DE PÁNICO

¡Vaya síntomas!

Los ataques de pánico pueden generar una infinidad de síntomas diferentes, a cual más sorprendente. A continuación describo unos cuantos para que cualquiera pueda reconocerlos y saber con seguridad que se trata de otra manifestación absurda del miedo. Es decir, que no hay nada que temer.

El síntoma rey de la ansiedad es el dolor en el pecho y las taquicardias. Son sensaciones que nos inducen a pensar que nos va a dar un ataque al corazón.

Después lo siguen los mareos, la presión en la cabeza, el vértigo, la sensación de electrocución en la cabeza y demás. Cuando se dan estos síntomas, la persona se asusta mucho ante la posibilidad de tener un ictus o desmayarse.

También es común sentir dolores de estómago agudos, pies y manos frías o ganas de vomitar.

Pensemos que también existen pseudoepilepsias: ataques epilépticos psicológicos. No le pasa nada al cerebro. Es sólo la ansiedad haciendo de las suyas. La persona convulsiona y pierde el sentido, pero en realidad no tiene nada.

Recordemos que María José, la paciente que padeció ataques durante veinticinco años, experimentó una especie de ceguera parcial que la llenaba de ansiedad. Una vez más, todo mental.

También están la desrealización y la despersonalización, que describimos en un capítulo anterior. Síntomas que asustan muchísimo y que, como siempre, no son nada.

De hecho, la ansiedad puede producir ¡cualquier síntoma! Estos que acabo de describir son sólo unos pocos. Lo esencial es saber que puede producir todo tipo de sensaciones, dolores, contracturas, parálisis musculares, fiebre, inflamaciones... Sin embargo, a diferencia de una enfermedad fisiológica, aquí la mente está controlándolo todo, todo el tiempo. Por eso nunca se ha dado un desmayo nervioso conduciendo. A fin de cuentas, la mente está atenta a que no suceda nada real.

No pasará nada

Muchas veces, planificando exposiciones, los pacientes suelen preguntarme cosas así:

—Pero, Rafael, ¿cómo voy a conducir por autopista? ¿Y si me da un mareo debido a la ansiedad? ¡Me puedo matar!

Y siempre respondo lo siguiente:

—Si yo tuviese que elegir un chófer entre una persona con ataques de ansiedad y otra que no los tiene, escogería sin dudarlo la de los ataques porque será el conductor más seguro. La mayoría de los accidentes se dan por descuidos, por ir demasiado deprisa y por distraerse. Y tratándose de una persona con ansiedad, eso es imposible. ¡Piensa que no puede ir más atenta! Así que será el conductor más seguro de todos.

—Ya, pero ¿y si me da el ataque? —suelen replicar.

—No te va a dar porque la mente lo controla todo. En el caso de los ataques de ansiedad, así como de cualquier alteración mental, la mente controla todo lo que sucede y jamás permitiría un peligro real.

Es lo mismo que un niño que tiene pataletas porque quiere chuches: llora, grita, patalea, se pone rojo... Puede parecer que le falta la respiración y que le va a dar algo, pero jamás le ha sucedido nada a ningún niño por algo así. Al contrario, el pequeño quiere su bienestar y finge dolor —tos y todo lo que se le pueda ocurrir—, pero controla todo lo que hace.

Lo mismo sucede con la ansiedad y sus variados síntomas. La mente puede amenazar con mareos y desmayos, pero nunca llegará al extremo de ponernos en peligro. ¡Todo lo contrario! La mente neurótica es hiperprotectora.

Por lo tanto, podemos afirmar que no hay que temer a ningún síntoma de la ansiedad y que podemos hacer cualquier tarea sin peligro. No va a suceder nada.

(ATENCIÓN: por supuesto, antes de iniciar una autoterapia es importante acudir al médico para que descarte cualquier peligro real. Sobre todo en el caso de las personas hipocondríacas. Es esencial acudir al cardiólogo o al resto de los especialistas para descartar cualquier problema real. Una vez hecho esto, ya podemos lanzarnos de cabeza al trabajo conductual.)

La tarjetita de Francesc

En cierta ocasión, mi amigo Francesc me contó una anécdota que ejemplifica muy bien el hecho de que, con los ataques de ansiedad, no hay nada que temer.

En una etapa de su vida desarrolló un trastorno de ansiedad y el psicólogo que lo trató le pidió que redactara una tarjetita. En ella se leía:

> Francesc, ya has tenido esto muchas veces. No te va a suceder nada. Esto pasará y estarás perfectamente bien.

Se trataba de un mensaje para sí mismo. Tenía que llevar la tarjetita siempre encima, guardada en la cartera para que, cuando le diese el ataque, pudiese leerla.

Como ya hemos visto, las personas que tienen ataques de ansiedad suelen pensar que se van a morir de un infarto o se van a volver locos, por lo que es esencial que se digan que no existe ningún peligro. El malestar pasará y no les dejará ninguna secuela. Se trata sólo de sensaciones molestas y, si aprendemos a no tenerles miedo, desaparecerán y recuperaremos toda la libertad perdida.

AGORAFOBIA

Uno de los fenómenos clásicos asociados a los ataques de ansiedad es la llamada agorafobia o temor a los espacios abiertos. En realidad, no tememos los espacios abiertos, sino alejarnos de casa, porque nos da pavor que nos dé el ataque y que no puedan socorrernos rápido. Por eso, la persona que tiene ataques de ansiedad suele pensar que es mejor estar recogido en el hogar para recibir ayuda inmediata: de una ambulancia, un médico o un familiar.

En los diagnósticos clínicos, muchas veces se lee «Trastorno de ataques de ansiedad con agorafobia», pero la agorafobia es sólo una consecuencia normal ante el miedo a la ansiedad. De modo que la agorafobia no es un síntoma en sí mismo, sino una consecuencia del miedo.

Sin embargo, con el paso del tiempo, a medida que avanza la neura, es cierto que la persona acaba por evitar muchos lugares o situaciones, por si acaso le viene la ansiedad y tiene que recogerse rápidamente.

Las personas con ataques de ansiedad suelen tener miedo a conducir, a viajar lejos de casa, a asistir a conciertos, a ir a grandes almacenes, a las aglomeraciones, a los lugares solitarios..., en definitiva, a cualquier lugar o situación donde sea difícil obtener ayuda, regresar a casa rápido y ponerse a resguardo.

Por supuesto, la solución a su problema pasará por hacer lo contrario: alejarse de casa, conducir, asistir a conciertos..., dejar de protegerse para vivenciar el pánico y ver que no hay nada que temer. No nos vamos a morir, ni a volvernos locos ni nada por el estilo. Se trata sólo de sensaciones desagradables sin importancia, y si aprendemos a no tenerles miedo, desaparecerán por completo.

Epílogo

Ya hemos llegado al final de este manual. En él se encuentra todo lo que necesitas para llevar a cabo una transformación total de tu mente. Una limpieza de mente y sanación total. Los que ya lo han hecho no sólo han superado sus neuras, sino que además han descubierto un camino de crecimiento maravilloso. Y es que los cuatro pasos nos servirán para domesticar nuestra mente tanto como deseemos.

Al otro lado, nos espera la alegría, la calma, la apreciación de la vida: ¡el amor!

Se trata de un esfuerzo difícil. Sí, no nos engañemos. Pero, como dicen los veteranos en este trabajo, «vale la pena cada minuto de esfuerzo» porque la recompensa es enorme.

Muchos de los testimonios que aparecen en este libro corresponden a entrevistas que hemos llevado a cabo durante el último año. En mis redes sociales encontrarás a los protagonistas de los relatos que acabas de leer, así podrás ponerles cara y ojos. Te animo a que los busques y veas las entrevistas.

La meditación budista hace algo muy parecido a lo que explicamos aquí, ya que enseña a no asustarse ante las emociones negativas. Personalmente prefiero los cuatro pasos, aunque me quito el sombrero ante la meditación. Y entiendo perfectamente por qué en Oriente elevaron este trabajo a la categoría de religión, por qué se ven templos y estatuas de Buda por todas partes y por qué millones de monjes dedican su vida a meditar. La buena y verdadera vida empieza cuando nos liberamos de la esclavitud de nuestra mente infantil. Inspírate en los cientos de miles de personas que han hecho este trabajo antes. Y siéntete parte de esta comunidad de individuos que se han forjado a sí mismos. Te esperamos en el otro lado.